AF200112

Konrad Probsthain

Wechselnde Fronten

Familiengeschichten aus der Napoleonzeit

ISBN 9783750499881

Herstellung und Verlag:

BoD – Books on Demand, Norderstedt

Inhaltsverzeichnis

Die Familien

Familienforschung gewährt manchmal auch Einblicke in die Zeitgeschichte, vor allem dann, wenn die Beteiligten tiefere Spuren als ihre bloßen Lebensdaten hinterlassen haben. Das war zwar bei bürgerlichen Familien bis ins frühe neunzehnte Jahrhundert recht selten, doch manchmal wird man fündig. So waren die Söhne und Töchter dreier Familien des Namens Probsthain oder ähnlich aus Moritzburg in Sachsen, Strelitz in Mecklenburg und Kopenhagen in Dänemark dabei, als Napoleon ganz Europa durcheinander wirbelte und schließlich am aufkommenden Nationalbewusstsein der Besiegten scheiterte.

Die beiden erstgenannten Familien hatten ihre Wurzeln in Dresden, wo schon im siebzehnten Jahrhundert mehrere Einwohner des recht seltenen Namens Probsthain oder ähnlich lebten. Die Schreibweise des Namens wechselte oft zwischen Probsthayn, Probsthan, Probsthahn und Probsthain, selbst bei der gleichen Person oder von einer Generation zur nächsten. Wahrscheinlich hatten sie alle denselben Urahn. Auch die dritte in Kopenhagen ansässige Familie stammt vermutlich aus Dresden und wäre dann mit den Moritzburgern verwandt.

Die Familie Probsthayn in Moritzburg stammte von dem Bürger und Jagdwagner Martin Probsthahn ab, der zwischen 1686 und 1709 fünf früh verstorbene Kinder aus erster Ehe und neun weitere Kinder aus der zweiten Ehe hatte, von denen aber nur drei, eventuell vier,

Familien gründeten. Eine dritte 1719 mit Magdalena, verw. Mautzen, geschlossenen Ehe blieb kinderlos. Etwa zeitgleich gab es in Dresden einen Jagdzeugmacher Johann Probsthahn, Bruder des Jagdwagners Martin. Es liegt nahe, dass beide die Jagdgesellschaft am kurfürstlichen Hofe bedient haben.

Einer von Martins Söhnen aus der zweiten Ehe, *Probsthayn (Probsthahn), Johann Friedrich Gottlieb, war Bildhauer in Dresden, 28.10.1728 Bürger ebda, 1748/49 Bildhauer am Königl. Stalle.* (Thieme Becker). Sein Wirken fällt in die Zeit der großen Barockbauten in Dresden, Zwinger bis 1733, Schlosskirche ab 1749.

Das Geschäft des Vaters Martin wird von einem seiner Söhne fortgeführt. *Daniel Carol* ist nun königlicher Jagdwagner. Dessen Sohn Adam Gottlieb Probsthahn ist möglicherweise identisch mit dem gleichnamigen Familienvater in Kopenhagen.

*Probsthayn (Probsthahn), Joh. Gottlob, Maler und Prospektzeichner, * März 1719 Dresden, + 14.7.1773 Meißen, seit 1746 Maler an der dortigen Porzellanmanufaktur.* (Thieme Becker: Allgemeines Lexikon der bildenden Künstler). Johann Gottlob, 1719 in Dresden geboren, entstammt einer anderen Familie. Sein Vater war

Feuerwerker und Hausartillerist in Dresden, also auch im Dienste des Fürstenhofes.

Adam Gotthelf Probsthahn, * 1699 in Dresden, ein weitere Sohn des Jagdwagners Martin Probsthahn, ist Königl. Jagdreuther in Pillnitz. Sein Sohn August Sigismund Probsthayn, 1743 – 1820, ist Schlossbettmeister und Fasanenwärter in Moritzburg. Aus dessen mit Johanna Eleonora, geb. Plantin, 1775 geschlossenen Ehe gingen zwölf Kinder, 7 Söhne und 5 Töchter, hervor, die alle in Bärnsdorf bei Moritzburg getauft wurden.

Einige dieser Kinder sind weiterhin im Umkreis von Schloss und Herrscherhaus tätig. Carl Friedrich Probsthayn, 1777 – 1808, ist Königl. Sächs. Verwalter im Fasanengarten, Johanna Eleonora Probsthayn, 1783 – 1811, ist mit dem Königl. Sächs. Hofgärtner Johann Heinrich Hübler verheiratet, Sigismund Magnus Probsthayn, 1782 – 1857, ist Königl. Sächs. Oberförster in Moritzburg, Gotthelf Majus Probsthayn, 1788 – nach 1838, ist Königl. Bereiter in Dresden. Zwei der Söhne machen beim Militär Karriere, Clemens August Probstayn, 1776 – 1813, als Husarenoffizier, und Friedrich Gottlieb Probsthayn, 1778 – 1839, als Offizier bei der reitenden Artillerie. Ein weiterer Sohn, Immanuel Wilhelm Probsthayn, * 1781, ein Oberförster-Adjunkt, hat sich zum Banner der freiwilligen Sachsen gegen Napoleon gemeldet.

Von den drei letzteren soll hier die Rede sein.

Der andere Freischärler, von dem hier berichtet werden soll, kommt aus Mecklenburg-Strelitz. Sein Urahn, der Zehntvervalter Johann Gottfried Probsthan aus Dresden, heiratet 1732 in Harsleben Sophia Elisabeth Pragen aus Goslar. Sein Sohn ist Pastor und Diakon in Derenburg. Ein Enkel, Johann Christian (* 1761 + 1842), geht als Pfarrer nach Strelitz. Er war zweimal verheiratet und hatte elf Kinder. Der älteste seiner Söhne, Adam Johann <u>Anton</u> Probsthan (* 1792 + 1882), wird Rektor in Fürstenberg/Havel. Er ist als Lützow'scher Jäger ein wichtiger Zeitzeuge bezüglich der vaterländischen Bewegung in der ersten Hälfte des neunzehnten Jahrhunderts.

Dann ist da noch die Familie in Kopenhagen. 1766 heiraten dort der Tischlergeselle Adam Gottlieb Probsthahn (*1731/1734 +1803) und Christiane Kronenberg, Niels Tochter. Von deren vier Kindern haben der Kunstmaler Carl David (*1770 + 1814) und seine Schwester Margareta Sophia (*1773 + 1843) Spuren hinterlassen. (Ein Adam Gottlieb Probsthahn, Sohn des o. g. Jagdwagners Daniel Carol Probsthahn, ist 1735 in Dresden geboren.)

Dänemark zwischen den Großmächten

Dänemark beanspruchte für sich wie die anderen Ostseeanrainer Anfang des neunzehnten Jahrhunderts den

Status der wehrhaften Neutralität bezüglich der Feindschaft zwischen England und Frankreich. Die englische Flotte erschien trotzdem vor der dänischen Ostseeküste und erfocht am 02. April 1801 einen Sieg über die Dänen in der Seeschlacht von Kopenhagen. Da die Dänen zögerten, ein Bündnis mit den Engländern einzugehen, wurde Kopenhagen 1807 erneut angegriffen und großenteils zerstört. Dänemark unterstützte daraufhin die Franzosen. Die Kriegskosten führten 1813 zum Staatsbankrott. Auf der Seite der Verlierer musste 1814 Norwegen an Schweden abgegeben werden.

Kunst, Forschung und Liebe

Es ist erstaunlich, dass die folgende kleine Familiengeschichte keinerlei Bezug zu diesen Ereignissen erkennen lässt.

Ob **Carl David Probsthein**, der den Rang eines Leutnants hatte [1], an den militärischen Auseinandersetzungen beteiligt war, ist ungewiss.

Andererseits trat er schon einige Jahre früher als Kunstmaler in Erscheinung. [3, 4]

Carl David Probsthein, Historiemaler, vandt1795_ Akademiets store Guldmedaille, döde som Læver ved Akademist

Carl David Probsthayn: Die Erschaffung Evas

Er gehörte zu einem Künstlerkreis um den bedeutenden Bildhauer Bertel Thorvaldsen, mit dem ihn eine Freundschaft verband, in die auch Davids Schwester Sophie einbezogen war. Oder war es gar mehr? Der poetische Text einer Neujahrskarte Thorvaldsens an Sophie Probsthein von 1795 lässt die Frage offen.

Text (freie Übersetzung):
An Jungfer Sophie Probsthayn

Wie Bäche sich durch Blumen schlingen,
so möge sich das Leben durch eitel Freude winden,
und niemals mögen verborgene Dornen dich verletzen,
wohin dein junger Fuß auch tritt.

d 1. Jan:1795   B Thorvaldsen

Margareta Sophia Probsthahn, wie sie bei der Taufe genannt wird, war zudem mit Hans Christian Ørsted [1] verlobt, *der wahrscheinlich neben Tycho Brahe und Niels Bohr einer der nur drei international gut bekannten dänischen Naturwissenschaftler ist.*

Der junge Dr. Ørsted übernahm im April 1800 die Geschäftsführung der Löwenapotheke in Kopenhagen. Diese gehörte seinem Förderer Professor Manthey, der durch Heirat zu Wohlstand gekommen war. *Manthey wohnte mit seiner Frau Augusta und deren Sohn im ersten Stock über dem Geschäft. Den ganzen Haushalt führte die 25-jährige Sophie Probsthein, unterstützt von einem Knecht, der Wasser und Brennholz heranschaffen musste, und zwei älteren Mägden für Waschen, Bügeln und Putzen. Sie lebten neben der Küche und den Vorratskammern. Nun kam ihr neuer Manager Dr. Ørsted hinzu, der die Wohnung im zweiten Stock belegte.*

Sophie hatte alles im Griff, und der fleißige Manager lernte wohl bald ihre Qualitäten zu schätzen, denn im November schrieb Augusta an ihren gerade abwesenden Mann, dass Cupido Ørsted und Frl. P. mit einem unauflösbaren Band umschlungen habe. Das war für Manthey keine Überraschung, und er bekannte in einem Brief an Ørsted, er finde Frl. P. so sehr liebenswert, dass sie eine der wenigen Personen sei, deren Wohlfahrt ihm am Herzen liege. Niemand könne sie wahrscheinlich glücklicher machen als

Ørsted und dieser werde kaum eine Frau finden, die so perfekt seine Liebe erwidere. Er möge Sophie grüßen und ihr von seiner Freude und besten Wünschen erzählen.

Ørsted, der noch Bedenken hatte, sich für das ganze Leben zu binden, fühlte sich durch die Worte seines Patrons erleichtert und ermuntert, seine Verlobung mit Sophie bekannt zu machen. Er stellte sie seinen Geschwistern in Kopenhagen und wahrscheinlich auch seinen Eltern in Langeland vor. *Von nun an war sie der Ørsted-Familie verbunden, die davon ausging, dass Hans Christian und Sophie, sobald es die Umstände, insbesondere die finanziellen, erlauben, Hochzeit feiern werden.*

Die Umstände waren aber nicht so. Ørsted hatte zwar einen Lehrauftrag an der Universität und war Mitglied wissenschaftlicher Gesellschaften, mit viel Arbeit aber ohne Besoldung. Um voranzukommen plante er eine ‚grand tour', eine Bildungsreise, *die auf lange Sicht nützlicher als unbezahlte Posten* sein sollte. Manthey beschaffte dafür Fördergelder aus Stiftungen. Und so konnte er im April 1801, kurz nach der verlustreichen Niederlage gegen die Engländer, aufbrechen. Ob seine Sophie einverstanden war, ist nicht überliefert.

Die Reise hatte ihren Preis. Er ließ seine Verlobte in der Apotheke zurück, und ihre Liebe musste sich für lange Zeit aus ihrer Korrespondenz nähren, sofern ihre Briefe überhaupt das weit entfernte Objekt der Liebe erreichte.

Mit Empfehlungsschreiben ausgestattet öffneten sich dem jungen Forscher auf seiner Reise, die ihn zunächst durch Deutschland führte, die Türen zu allem, was in Kultur und Wissenschaft Rang und Namen hatte. Die Präsentation des galvanischen Experiments aus seiner Doktorarbeit stieß auf Interesse, und er fand Gelegenheit, seine naturphilosophischen Ideen zu diskutieren.

Wir sind verhältnismäßig gut über Ørsted's ‚grand tour‘ durch Briefe informiert, die er an Sophie Probsthein schickte, die aber auch zur Zirkulation im Familien- und Freundeskreis bestimmt waren. Entsprechend waren sie in einem sehr sachlichen Ton verfasst, der nur gelegentlich durch persönliche Passagen unterbrochen wurde. Sophies Antwortbriefe sind nicht erhalten, da Ørsted's Tochter Mathilde alles, was an die Jugendliebe ihres Vaters erinnerte, vernichtet oder gelöscht hat.

Der Briefwechsel der beiden Verlobten war wohl von Anfang an sehr einseitig. Hans Christian musste oft wochen- und monatelang auf ein Lebenszeichen seiner Sophie warten.

Im Juni 1801 tauchte überraschend Sophies Bruder David bei dem Reisenden in Freiberg in Sachsen auf. *Der Leutnant Carl David Probsthein war zu der Zeit ebenfalls auf einer ‚grand tour‘ , die ihn vielleicht zu der Künstlerszene in Rom führen würde. Er ermahnte vermutlich Ørsted, seine Schwester nicht zu lange warten zu lassen.*

Aber Ørsted hatte noch so viele wichtige Reiseziele. Da blieb es weiterhin beim Briefeschreiben, doch Sophie hüllte sich mehr und mehr in Schweigen. Wie sehr sie unter der langen Trennung litt, geht aus der Schilderung der Hochzeitsfeier von Hans Christians Bruder Anders im Juli 1801 hervor. *Alle Gäste waren von herzlicher Freude und wortlosem Mitgefühl bewegt - außer Fräulein Probsthein, die keine Anzeichen von Emotionen zeigte.*

Ørsted verdrängte alle Anzeichen der zunehmenden Entfremdung und ging im November 1802 sogar noch für ein Jahr nach Paris. Dort lockte der hochdotierte Napoleon-Preis, den er zusammen mit seinem neuen Freund Ritter mit der Präsentation eines spektakulären Experiments gewinnen wollte. Das verlangte seinen vollen Einsatz, doch träumte er gelegentlich immer noch von einem gemeinsamen Leben mit Sophie, wie aus einem Brief vom Mai 1803 an seinen Gönner Manthey hervorgeht. *Die Landschaft rund um Montmorency* (wo Rousseau gelebt und die romantische Liebesgeschichte ‚Heloise' geschrieben hatte) *ist eine, zu der ich meine Sophie nehmen möchte, sollte ein unerwartetes Glück mich in die Lage versetzen, öfter zu reisen.* Wie romantisch!

Sein Bruder Anders konfrontierte ihn schließlich im Oktober 1803 mit der ‚nackten Wahrheit'. Gegenüber Manthey bekennt er darauf: *Ich bin grausam aus meinem Schlaf erwacht. Ich hätte durch bestimmte Hinweise gewarnt sein sollen, was ich erst jetzt verstanden habe.* - Das war der ganze Ausdruck eines gebrochenen Herzens des verlassenen Liebhabers.

Anders' Brief und Hans Christians Antwortschreiben sind nicht erhalten geblieben. Über Sophies Motive, die Verlobung zu lösen, kann man daher nur spekulieren. Waren es die unpersönlichen Tagebuchseiten anstelle von glühenden Liebesbriefen? Fühlte sie sich nicht nur durch die lange räumliche Trennung abgehängt, sondern auch fremd in seiner Welt der Naturwissenschaft und Philosophie? Einen anderen Mann hat es offenbar nicht gegeben. Sie starb ledig im Alter von siebzig Jahren. 1840 wohnt sie im Haus mit Malermeister Baruel.

Wirtschaftlich ging es ihr zumindest zeitweise nicht gut. Ihr Bruder David war 1818 gestorben. Da schrieb sie 1821 einen seltsam anmutenden Bettelbrief an Thorvaldsen:

> *Mir wurde ein halbes Lotterie-Los angeboten, das es mir ermöglichte, mein Leben gegen die Zahlung von fünf hundert Rigsdaler zu versichern, aber das kann ich aus den folgenden Gründen nicht tun.*
>
> *Wirklich, ich war sparsam und habe zweitausend Rigsdaler zurückgelegt. Ich dachte, ich hätte diese Summe in die Hände eines anscheinend aufrechten und wohlhabenden Mannes gelegt, aber die*

jüngsten Umwälzungen haben ihn ruiniert. So habe ich für eine lange Zeit nichts im Gegenzug.

Da ich von Freunden beraubt wurde, nehme ich mir die Freiheit, seine Exzellenz zu betteln, wenn Sie aus Respekt vor der Freundschaft, die Sie mit meinem verstorbenen Bruder und Eltern hatten, mir die Gunst zeigen würden, einen Beitrag zu meinem zukünftigen Wohlbefinden zu leisten, indem sie mir die fünfhundert Rigsdaler leihen, die ich verspreche, in Raten von hundert pro Jahr zurückzuzahlen.

Ihre gehorsame Dienerin. Sophie Probsthayn

Thorvaldsen galt als großmütig. Es ist nicht bekannt, wie er angesichts dieser großen Summe reagiert hat.

Ørsted fühlte sich nun frei von bürgerlichen Zwängen bereit für eine wissenschaftliche Karriere. Manthey und Ritter versuchten zwar, sein Interesse an einer Studentin Namens Charlotte zu wecken, die ihren Professor Ørsted bewunderte, doch ohne Erfolg. Seine Schwägerin, eine gebildete und attraktive Frau, war leider schon mit seinem Bruder verheiratet. Schließlich heiratete er 1814 Brigitte Ballum, die als Waise schon von Kindheit an zur Familie Ørsted gehörte und zuletzt seinem Vater den Haushalt führte.

Die Geschichte der Sophie Probsthein kennen wir lediglich aus zweiter Hand als Episode in der Biographie des berühmten Naturforschers Ørsted [1]. Trotzdem zeichnet sich das Bild einer selbstbewussten und starken Persönlichkeit ab.

Die Sachsen sind ihrem Kurfürsten und König treu, an wessen Seite auch immer.

Nach der französischen Revolution geriet das Heilige Römische Reich mehr und mehr in Bedrängnis. Die Sachsen hielten zum Kaiser, aber die linksrheinischen Gebiete gingen an Frankreich verloren und die Rheinbundstaaten schlossen sich dem Sieger Napoleon an. Sie traten damit aus dem Reich aus, das dann nach achthundert Jahren aufhörte zu existieren. Die andern europäischen Großmächte Russland, England, Schweden und Preußen leisteten weiter Widerstand. Insbesondere Preußen fürchtete einen Durchmarsch der Franzosen bis Berlin.

Auch Sachsen, obwohl nun ohne Kaiser und Reich, war auf Seiten der Koalition. Zusammen mit den ungeliebten Preußen wurden sie 1806 bei Jena und Auerstedt geschlagen. Napoleon aber sah in Preußen den

Hauptgegner und verbündete sich mit dem sächsischen Kurfürsten, den er in den Rang eines Königs erhob.

Die sächsische Armee hatte bisher in den Koalitionskriegen gegen die Franzosen gekämpft. Nun ging es mit den Franzosen bis nach Danzig. Wieweit die beiden sächsischen Offiziere beteiligt waren, lässt sich nicht mit Sicherheit sagen. Clemens August Probsthayn ist 1799 schon Suos-Lieutnant und auch sein jüngerer Bruder Friedrich Gottlieb ist schon seit 1795 bei der Artillerie, 1800 als Stückjunker und 1806 ebenfalls als Sous-Lieutnant. Bei Jena war er schon dabei und die Belagerung von Danzig hat er auch mitgemacht.

Von Clemens August wissen wir mehr, auch wenn es nicht immer mit der großen Politik zu tun hat. Erst 1812 mit dem Einmarsch Napoleons in Russland wird es für ihn Ernst und endet tödlich. Bis dahin ist Zeit, die Tochter eines Konditors in Dresden zu schwängern, ein unschuldiges Kind zu prügeln, am Weimarer Hof zu speisen, noch schnell zu heiraten und für Nachwuchs zu sorgen.

Russlandfeldzug 1812 – 1813 an der Seite des Generals Graf Reynier

Ein misshandelter Knabe und ein Berg Schulden

Clemens August Probsthayn (1776 – 1813), Husaren-Offizier der königlich-sächsischen Armee, hat außergewöhnlich viele Spuren hinterlassen.

Schon als junger Leutnant wird sein Name aktenkundig, als am 15.10.1806 *Charlotte Dorothea Meerhof*in, die Tochter des *Conditors Peter Meerhof in Dresden hinterlassene Tochter*, einen *unehelichen* Sohn *Carl Heinrich* zur Welt bringt. Als Vater ist *Cl.A.* (?) *Probsthayn, Lieut. beym Churfstl. Sächßich. Hushieren* genannt.

Dann steht in Goethes Tagebuch [24] unter dem 16. 04. 1811: *Mittag bey Hofe. Abends bey der Hoheit zum Thee und Concert….* Im Fourierbuch sind für Mittag, Tafel 17, unter den neunzehn illustren Gästen neben dem Geh. R. v. Goethe auch ein Rm. v. Probsthaim erwähnt. *Obengenannte Herren der Landschafts-Deputation, wurden heute nach 2 Uhr. Durchl. Herzog und Herzogin u. hierauf Durchl. Erbprinzen u. D. Erbprinzeßin K. Hoheit präsentirt und hierauf zur Tafel gezogen.* (Der falsche Adelstitel ist nicht unbedingt ein Indiz für Hochstapelei. Die meisten Offiziere waren damals Adelige. So avancierte unser Clemens August in der Geschichte des 2. Königl. Sächs. Husaren-Regiments bei Süßmilch[7] 1882 schon mal zum *Premierleutnant von Probsthayn*.)

Weniger Rühmliches geht aus den Akten des Kriegsgerichtes der Kavallerieformationen [9] hervor. Es geht um die Misshandlung eines Kindes.

Die Husaren waren bei einem Manöver im März 1811 in Märzdorf in der Nähe von Bautzen einquartiert, vier davon bei dem Bauern Mittag. Dem Husaren Schmidt kam dort eine Pistole abhanden. Der Rittmeister Probsthayn hatte sofort die Wirtsleute in Verdacht, bezichtigte sie des Diebstahls und drohte ihnen Arrest an. Auch der neunjährige Sohn Gottlob und das dreizehnjährige Dienstmädchen wurden unter Druck gesetzt, angeblich sogar mit Schlägen auf den Kopf. Das Mädchen sagte schließlich aus, dass Gottlob am Vortage mit der Pistole gespielt habe und sogar den Hahn gespannt habe. Vater Mittag bestätigte den Vorfall, er habe aber sofort ein strenges Verbot erlassen und dafür gesorgt, dass die Pistole wieder zurückgelegt wurde.

Rittmeister Probsthayn gab sich damit nicht zufrieden. Er ließ seine Husaren Weidenruten schneiden und dem Knaben damit auf den Hintern schlagen. Da trotzdem kein Geständnis zu erzwingen war, wurden die Kinder auf der Wache arretiert. Dort kam es vermutlich zu weiteren Übergriffen durch die Husaren.

Die Eltern haben daraufhin Geld gesammelt, um die Kinder freizukaufen. Sie verlangten dafür eine Quittung. Diese wurde ihnen aber von Probsthayn verweigert. Der Hüfner Mittag schreibt: *Tagsdarauf gab mir ein Wachtmeister 1 Tl. 13 Gr. wieder zurück, unter der Auflaßung, daß 3 Tl. 9 Gr. für das weggekommene Pistol innenbehalten worden wären, und ich mußte über den zurückbehaltenen Betrag eine bereits ausgefertigte Quittung unterschreiben, deren Inhalt mir aber wegen der unleserlichen Schrift und meiner ziemlichen Unerfahrenheit im Schreiben nicht bekannt ist.*

Rittmeister Probsthayn meinte zwar, dass die paar Streiche auf den Hintern *so unbedeutend waren, daß er* (der Knabe) *kaum geweint....* und, *daß nur die Jugend Schutz vor härterer Strafe gewähren konnte.* Andererseits hat der verpflichtete Gerichts Wundarzt noch zehn Tage nach dem Vorfall gefunden, *daß derselbe auf seinem ganzen Hintern noch braune und blaue Striemen und Flecken ... hatte, welche von Stockschlägen herrühren mochten, auch war derselbe noch etwas geschwollen .... am rechten oberen Kinnbacken, nach der Schläfe zu war auch noch ein blauer Fleck von einer dagewesenen Contusion* (Prellung, stumpfe Gewalt von außen) *zu suchen.*

Der Hüfner Mittag reichte schließlich am 06.06.1811 bei dem *allerdurchlauchtigsten großmächtigsten König, allergnädigsten Herrn allunterthänigste Beschwerde* ein und verlangte, *Rittmeister Probsthayn zur Leistung der* ihm *gebührenden Abbitte und Ehrenerklärung* (in einer Abendzeitung) *als auch zur Zahlung von zehn Thalern Schmerzensgeld für das gemißhandelte Kind auch in Wiedererstattung der erpreßten 3 Tl. 9 Gr. zu verurtheilen.*

Den Militärs war die Sache sehr lästig. So heißt es in einem Schreiben des Gen.Lieut. u. Divis.Gen.d.C. Freyh.v.Gutschmid vom 10.07.1811 an den Brigadekommandeur General Lieutenant v. Funck: *Das wahre Ehrgefühl des Rittmeister Probsthayn ist mir bekannt, und ich bin überzeugt, daß er seine Aussage ganz der Wahrheit gemäß einrichten wird, um mehrere Weitläufigkeiten zu vermeiden und bald die Beendigung dieser so unangenehmen Sache herbeizuführen.* Noch deutlicher wird der Kommandant des Husarenregiments Oberst v. Engel in einem fragmentarisch erhaltenen Schreiben vom 18.06.1811, da er vermutete, dass *sogar unter der Hand Ihre Majestät Notiz davon bekommen haben soll. So ist mir nicht allein aufgegeben worden, sondern es liegt mir auch ob nach meiner Pflicht, die Sache wo möglich zu applanieren (auszugleichen), und bitte mir sehr ernstlich von dem Herrn Rittmeister Probsthayn aus, die Sache nicht so von der leichten Seite zu nehmen, als wie er in Ihrem lezt ihm abgeforderten Rapport gethan hat, den ich anbei remittire, da auch bei Beleidigung der Obrigkeit und der Eltern eine ernstliche Bestrafung dieser* (unleserlich) *der öffentlichen Sicherheit wegen nothwendig ist.*

Aus den Gerichtsakten geht leider nicht hervor, wie die Sache ausgegangen ist. Vielleicht hat es einen außergerichtlichen Vergleich (Applanation) gegeben. Clemens August Probsthayn kam wohl unbeschadet aus der Affäre. Denn im Russlandfeldzug bekam er ja eine durchaus herausgehobene Stellung beim französischen General Graf Reynier, dem Oberbefehlshaber des sächsischen Corps, zu dessen Bedeckung er mit seiner 6. Escadron abkommandiert wurde. Auch wurde er im Sommer 1812 zum Major befördert.

Gen.Lieutn. v. Funck, nicht gerade ein Freund des Grafen Reynier, kritisiert in seinen *Erinnerungen* [10] mehrfach, dass ein Teil der Kavallerie beim Hauptquartier stationiert war und im Gefecht fehlte. *Dem ungeachtet nahm Reynier eine Husaren-Escadron aus der Linie zu seiner Bedeckung, von welcher er sich überall, so oft er selbst die Pferde wechselte, begleiten ließ, und erlaubte Allen, die zum Generalstabe gehörten, eine Menge überflüssiger Ordonanzen.* Funck muss aber einräumen, dass diese Escadron mehrmals als einzige Einheit für gefährliche Einsätze verfügbar war. Auch in einer Meldung des kommandierenden Generallieutnant von Le Coq vom 30. Juli 1812 an Seine Majestät heißt es: *Eine nach Kobrin in der Nacht zum 28. Juli entsendete Rekognoszirung unter Rittmeister Probsthayn von den Husaren brachte die Nachricht von der Gefangennahme der Brigade von Klengel. .... Daß sich Euer Majestät Truppen brav geschlagen haben, bestätigen alle Rapporte sowie der vom General Graf Reynier erlassene Tagesbefehl.* (Die Brigade Klengel blieb nach dieser Niederlage noch bis Herbst 1813 in russischer Kriegsgefangenschaft. *700 Mann waren dort ihren Wunden und Krankheiten erlegen.*)

Als dann Mitte November 1812 *bei dem Schloße Wyszwa wo Reynier sein Hauptquartier hatte, das Gebäude, in welchem die Pferde des Generals, seines Generalstabes und der Ordonanzen standen,* einem verheerenden Brand zum Opfer fiel, da kam auch unser Major bei v. Funck nicht ungeschoren davon. *Der Befehlshaber der Bedeckung, der jederzeit zugleich Kommandant des Hauptquartieres war, hatte schon längst den Reitknechten nachgesehen, wenn sie, um gegen den Wind geschützt zu sein, dicht an den Wänden der Häuser sich einen Platz für ihre Wachtfeuer aussuchten, und schon mehr als einmal waren dadurch die Gebäude in Brand gesteckt worden. .....*

Ein Infanterieoffizier der ersten Division versuchte endlich mit einigen Soldaten, nachdem sie sich in nasse Decken gehüllt und im Schnee gewälzt hatten, hindurchzuspringen und sie fanden in der Lache noch etwa zwanzig der Unglücklichen, die, mehr oder weniger verbrannt und von dem dicken Rauche erstickt, erst nach und nach zur Besinnung kamen. Mehr als achtzig Pferde, die aus Volhynien mitgebrachten Züge, die herrlichsten Zuchthengste und eins von den Dromedaren waren verbrannt, mehr als zwanzig Menschen in den Flammen umgekommen.

Na ja, nicht jeder ist ein Held wie der besagte Infanterieoffizier. Außerdem sind wohl Zweifel an der Objektivität v. Funcks angebracht. Bei F. W. Winkler [12] gibt es keine persönlichen Schuldzuweisungen. *Die im Hauptquartier commandirt stehende 6te Escadron verlor hierbei 4 Husaren und 4 Dienstpferde ...... - Man sagt, ein, von den Österreichern bei der feindlichen Retraite erbeutetes, und von dem Fürsten Schwarzenberg dem General Reynier als Geschenk überlassenes Kamel, habe eine sehr bedeutende nachtheilige Rolle bei diesem unglücklichen Ereigniße gespielt, indem es, ohnfern des Ausganges angebunden, die losgemachten und von den Leuten nach den Ausgängen zugetriebenen Pferde, durch seine ungewohnte Gestalt an der Flucht geschreckt, und zum Zurücklaufen derselben in die Flammen und Umreißen der in den Gängen noch beschäftigt gewesenen Menschen, wesentlich beigetragen haben soll.*

Die 6te Escadron unter Commando des Rittmeister und späteren Major Probsthayn war den ganzen Feldzug über

.... als Escorte im Hauptquartier des General Grafen Reynier. Clemens August wurde als einer von insgesamt elf sächsischen Offizieren während des Feldzuges 1812 mit dem Königlich-sächsischen Militär-Sanct-Heinrichs-Orden ausgezeichnet [8].

Am 28. 02. 1813 kehrten die Reste des sächsischen Corps nach Sachsen zurück, und am 07. 03. 1813 trafen sie in Dresden ein, wo Reynier die Truppe verließ. Zwei Tage später, am 09. 03. 1813, verstarb Clemens August im Gasthof Weißer Hirsch an Nervenfieber (Typhus, Fleckfieber).

Sein Tod beschäftigte der Verwertung seines Nachlasses wegen noch zwei Jahre das Generalkriegsgericht [9]. Die Akten geben einen Interessanten Einblick in die persönlichen Verhältnisse des Verstorbenen.

Noch am Tage des Todes wurde ein Auditeur vom Gericht in den Gasthof Weißer Hirsch geschickt, um den Nachlass zu versiegeln und in gerichtlichen Gewahrsam zu nehmen. *Die Mutter des Verstorbenen und deßen Bruder der Herr Hauptmann bey der Artillerie* hatten aber schon einen anderen Auditeur beauftragt, der *die sämtlichen Effecten des Verstorbenen in das Quartier des Obersten Hoyer so eben schaffen laßen. ... Ein Czako, ein Säbel mit schwarzledernem Koppel, eine mit Silber bestickte Säbeltasche mit dergleichen Koppel, ein Husarenpelz, ein Paar Stiefeln mit Sporen zur Decoration des Sarges beym Begräbniß wurden dem Herrn Lieutnant von Wurmb ....* überantwortet. Das Begräbnis kostete 33 Tl. 16 Gr.

Außerdem gab es noch sieben Pferde und einen Maulesel, die weiterhin gefüttert und versorgt werden mussten. Sie sollten sofort versteigert werden. Sie wurden auf insgesamt 235 Taler taxiert, wobei für den Maulesel 5 Taler und für einen 7 Jahre alten Wallach 70 Taler veranschlagt worden waren. Erzielt wurden 255 Taler zuzüglich 9 Taler für einen Korbwagen und Geschirr.

Am 20. 03. 1813 meldet sich schließlich die Witwe des Verstorbenen, Antonia, geb. Köberlin. Dieser habe einen mit ihr *gezeugten Sohn hinterlaßen, der den Nahmen Klemens in der Taufe erhalten hat, und erst zwantzig Wochen alt ist. .... Was mein Intereße an dieser Angelegenheit betrifft, so habe ich mich entschloßen, des ehemännlichen Nachlaßes nicht mir anzumaßen, ich behalte mir aber ausdrücklich vor, meine Erklärung wegen Zurückforderung meines eingebrachten Vermögens dennoch zu seiner Zeit zu thun. Vorirtzt wird aber, was mein Kind anlanget, zuförderst nöthig seyn, daß diesem ein Vormund bestätiget werde, ich praesentier hierzu meinen Stiefvater, den Postmeister Jennisch allhier* (in Plauen), *der mit Grundstücken ansäßig ist ....*

In einem Schreiben aus Plauen vom 02.04.1813 erwidert die Witwe auf eine Anfrage des Gerichts: *Als das Husarenregiment im Jahr 1811 aus seinem Standquartier ausrücken und in die Lausitz marschieren muß, so nahm mein Mann sein Eigenthum bis auf einige wenige Bücher, die noch in Kölleda sich befinden werden, mit sich und ich begab mich wieder hierher zu meinen Eltern, bei denen ich mich seit dieser Zeit unausgesetzt aufgehalten habe. Mein Mann hingegen hat während dessen bis zu seinem Tod*

beständig in Kantonirung und im Felde gestanden ...
Übrigens hat mein Mann weder eine Ehestiftung mit mir
errichtet, noch einen letzten Willen hinterlaßen ...

Am 06. 09. 1813 ergänzt sie auf erneute Aufforderung, ein
Verzeichnis des in ihrem Besitz befindlichen Nachlasses zu
erstellen: *....* ,*daß ich aus diesem Nachlaß weiter nichts als*
nur zwei Stücken, nähmlich 1.) eine Matratze und 2.) eine
Toilette (Nachtstuhl) *im Beschluß habe. Hierinnen besteht*
also das gantze mir abverlangte Verzeichniß. (Die Maj.W.
Ant. Probsthayn wohnt 1841 – 1847 in Dresden, wo sie am
06.12.1847 stirbt. Ihr Sohn Klemens ist 1843 und 1845
Vice-Actuar Justizamt Hohnstein mit Lohmen und 1847
Actuar. Danach verliert sich die Spur.)

Ein am 31. 03. 1814 erstelltes Nachlassverzeichnis umfasst
168 Positionen, und zwar:

- *Cap. 1 An Wagen, Kutschgeschirr und Reutzeuge*
  22 Pos.   28 Tl. 10 Gr. 6 Pf.
- *Cap. 2 An Büchern und Manuskripten*
  52 Pos.   -   -   -
- *Cap. 3 An Landkarten und Gemählden*
  12 Pos.   -   -   -
- *Cap. 4 An Kleidern*
  50 Pos.   23   7   6
- *Cap. 5 An allerhand Sachen*
  32 Pos.   3   -   9

Darunter *zwei Kummete mit Geschirr reich belegt* 12 Tl.,
ein Tschako mit Koppel und mit Silber bestickt 6 Tl. 12
Gr., *ein Fliegenwedel mit Pferdehaaren* 6 Pf. und *ein*
altes schwarzseidenes Halstuch 6 Pf.

Eine Berechnung vom 06. 09. 1814 der *dem Herrn Auditeur Pietzsch zur Auction übergebenen Effecten* mit 104 Positionen weist einen Schätzwert von 194 Tl. 4 Gr. 6 Pf. aus, u. a. *ein Husaren Officier Pelz mit silb. Schnuren und Quasten 20 Tl. 11 Gr.* und *ein dunkel grau tuchenes Felleisen 6 Pf.* Am 19. 07. 1814 wurden bereits Effekten *öffentlich an den Meistbietenden verkauft. Das gewonnene Geld* betrug 43 Tl. 21 Gr. 6 Pf *wovon* 10 Tl. 20 Gr. 6 Pf. *laut beikommender Liquidation abgezogen, und der Rest mit* 33 Tl. 1 Gr. angefügt wurden.

Am 08. 05. 1815 erscheint *der Schloß Bettmeister Herr August Sigismund Probsthayn zu Moritzburg* beim Auditeur Pietzsch und macht Ansprüche aus einem Darlehensvertrag über 3000 Taler geltend, den er am 24. 03. 1810 mit seinem inzwischen verstorbenen Sohn Clemens August geschlossen hatte. Dieser Vertrag hatte eine Laufzeit von 6 Jahren bei 5 % Zinsen. Es war noch eine Restschuld von 1901 Tl. 4 Gr. 11 Pf. offen.

Außer vorbemerkten Liquidanten Forderungen sind am 25. 05. 1815 *noch nachfolgende Ansprüche an den Nachlaß des Majors Probsthayn bey den Acten bekannt:* 12 Positionen mit insgesamt 2013 Tl. Darin enthalten sind *das Einbringen der Wittwe* mit 1340 Tl. Und drei Wechsel über 300, 30 und 60 Tl., aber auch 16 Tl. 2 Gr. *für Arbeit des Regiments Sattler Gottlob Bretschneider Wittwe, Henriette Dorothea zu Löllada.*

Am 13. 10. 1815 entscheidet das Gericht: *Es sind die angegebenen Gläubiger in folgender Ordnung billig zu befriedigen: I., Alle diesem Concurse zum Besten aufgewendete Unkosten, Urthels-, Gerichts- und des verordneten Verlaßenschafts- Vertreters Gebühren ... dafern des Schuldners Vermögen zu allerseits Gläubiger Befriedigung nicht zureicht, nur denjenigen, so einige Bezahlung erhalten, pro rata zu kürzen. II., 6 Thaler für verrichtete Nachtwachen dem Amts Chirurgo ... III., 63 Thaler rückständigen Lohn auf die letzten sieben Monate für Friedrich Christian Gryren ... IV., 152 Tl. 16 Gr. dem Regiments Quartiermeister ... V., 170 Thaler ... 1901 Thaler 4 Gr. 11 Pf. Capital Rückstand August Sigismund Probsthaynen ... 85 Thaler Darlehen ... 50, 90 , 80 Thaler dergleichen ... 5 Thaler 6 Gr. 7 Pf. rückständige Sportulen ... 53 Thaler 13 Gr. 6 Pf. für gelieferte Waren ... 48 Thaler, als dreyjährigen Zuschuß, und 5 Thaler für verlegte Reparaturkosten ... 16 Thaler 2 Gr. für gelieferte Sattlerarbeit ... Endlich sind die gänzlich ausgelaßen gebliebenen Gläubiger von diesem Concurse abzuweisen.*

Die Forderungen der Witwe Antonia sowie die geplatzten Wechsel sind also nicht anerkannt worden, dagegen aber alle Verbindlichkeiten aus dem Darlehensvertrag des Verstorbenen mit dessen Vater über 1901 Thaler. Vermutlich hat ihm das wie den anderen Gläubigern mangels Masse auch nichts genutzt.

Diesen Schuldenberg hätte Clemens August kaum abtragen können. Ein Kavalleriemajor wurde 1842 mit 1500 Thaler im Jahr besoldet, vergleichbar mit etwa 50.000 € im Jahr, die er anderthalb Jahrhunderte später bei der Bundeswehr erhielte. Davon konnte man und kann man heute sicherlich gut leben, aber für einen Reitstall mit acht Tieren oder Ähnlichem reicht es kaum. Er hat über seine Verhältnisse gelebt. Selbst die Mitgift seiner Ehefrau konnte ihn nicht retten.

Aber da sind noch seine Bücher und Landkarten, aus denen man vielleicht Schlüsse auf seine Interessen ziehen kann. Neben den Karten und Schriften mit militärischem oder pferdezüchterischem Bezug gibt es auffallend viel Literatur zu Fremdsprachen und zur Mathematik. Bei den Fremdsprachen steht Französisch an erster Stelle, aber auch italienische Literatur und ein lateinisches Wörterbuch sind vertreten. Darunter sind mehrere Titel in französischer und italienischer Sprache, die auf literarisches und kunsthistorisches Interesse schließen lassen, z. B.: *,Discours historique par la Peinture ancienne', ,Notice de la Galerie des Antiques du Museé, Napoleon Paris',, Gerusalemma liberata de Torquato Taßo', ,Gil Blas di Santillana, Storia galante Tratta dall` Idioma Francese nell` Italiano da Giulio Monti, Dresden 1789, 4 Theile in 2 Bänden'.*

Gute Kenntnisse der französischen Sprache mögen zu damaliger Zeit für eine Offizierskarriere durchaus nützlich gewesen sein, während die intensive Beschäftigung mit der Mathematik für einen Kavalleristen eher ungewöhnlich erscheint. Wozu braucht ein Husar eine Logarithmentafel, einen Zirkel oder eine Wasserwaage? Clemens August hatte dennoch mehrere *Manuskripte in quarto über die Arithmetik, ... die Stereometrie, ... die Fortification, ... die Mathematik* und *... die Waßerwage.* Dazu kamen noch etliche Bücher, wie *Anleitung zum Feldmeßen von Thomas Gustav Altmann 1798.*

Er hatte auch ein *‚Verzeichniß der Schriften, welche dem Offizier zum Studium und zur Lektion zu empfehlen sind, Weißenfels 1804‘.* Seine Interessen gingen sicherlich über diese Empfehlungen hinaus. *‚Fabeln und Erzählungen von Gellert, 1ster Theil Leipzig 1734'* oder *‚Letzte Gespräche des Sokrates und seiner Freunde, Zürich 1760‘.*

Clemens August scheint ein rundum gebildeter Mensch gewesen zu sein. Das erklärt vielleicht, dass er als unbedeutender junger Offizier zusammen mit lauter Honoratioren an der herzoglichen Tafel sitzen durfte (s.o.), und dass er den ganzen Russlandfeldzug über an der Seite des Generals Graf Reynier zu dessen Bedeckung bestellt war, wobei ihm sicherlich seine Französischkenntnisse zugutekamen.

Eine ruhmreiche That in der Schlacht bey Bautzen und der Übergang zu den Alliierten während der Völkerschlacht bei Leipzig

Friedrich Gottlieb Probsthayn, der jüngere Bruder des Husarenmajors, hat Tagebuch geführt. Seine Aufzeichnungen sind eine wertvolle Quelle der Geschichtsschreibung. Auf dem Friedhof in Radeberg wurde ihm ein Denkmal errichtet.

Grabdenkmal auf dem Friedhof Radeberg
für
Major Friedrich Gottlob Probsthayn

Die Vorderseite des Steins trägt folgende Inschrift:

Herr Friedr. Gottl.
Probsthayn,
Königl. Sächs. Major und
Commandeur der Brigade reit.
Artillerie zu Radeberg,
geboren den 15. Dezember 1778
zu Moritzburg,
gestorben den 7. November 1839 zu Radebeg
*
Dienstzeit 44 Jahre.
Campagnen: 1806, 1813, 1814 und 1815.
Schlachten:
bey Jena, Bautzen, Großbeeren
und Leipzig.
Gefechte:
bey Reichenbach, Leopoldshain, Heynau, Altjauer, Nunsdorf,Wittstock u. Kleinwelka.
Blockaden:
von Torgau, Antwerpen, Lille, Courdray und Neubreisach
*

Die linke Seite des Steines zeigt die Worte:

Ritter
der Königl. Franz. Ehrenlegion,
damit beliehen bey einer ruhmreichen
That
in der Schlacht bey Bautzen.
*

Auf der Rückseite des Sockels ist zu lesen:

Dieses Denkmal
errichtet aus Liebe und Dankbarkeit
die Hinterlassenen
*
Erneuert zum 50. Jahrestag der Schlacht bei Bautzen
am 20. Und 21. Mai 1813
*
Wiederhergestellt im April 1906
* * *

Anlässlich des 93. Jahrestages der Schlacht bei Bautzen, am 21. Mai 1906, wurde das wieder hergestellte Denkmal der Stadt Radeberg, der ersten Garnison der Reitenden Abteilung, erneut übergeben. Bei dieser Gelegenheit erschien eine Festschrift [21], in der der militärische Werdegang des Majors Friedrich Gottlieb Probsthayn aufgezeichnet und seine Verdienste gewürdigt sind.

Er hat während seiner 44jährigen Dienstzeit 33 Jahre bei der sächsischen reitenden Artillerie gestanden und gehörte bereits der am 1. Mai 1806 unter Premierleutnant von Großmann formierten ersten sächsischen reitenden Batterie als Sousleutnant an. (In der Schlacht bei Jena im Oktober 1906 an der Seite Preußens gegen Napoleon war er wohl dabei.)

Als im Jahre 1810 bei der Neuformierung der sächsischen Armee eine Brigade Reitende Artillerie zu zwei reitenden Batterien gebildet wurde, stand Probsthayn als Premierleutnant bei der 1. Reitenden Batterie unter Kapitän von Roth.

Während des Feldzuges von 1812 führte er die 3. Reitende Batterie, die als Depotbatterie in Radeburg verblieben war. Da nach diesem Feldzuge die 2. Reitende Batterie von Hiller als verloren angesehen werden mußte, so wurde die Depotbatterie am 3. Februar 1813 als neue 2. Reitende Batterie unter Premierleutnant Probsthayn mobil gemacht.

Als Führer der 2. Reitenden Batterie, deren Chef Probsthayn von 1813 – 1836 gewesen ist, sollte er sich bei Bautzen den Orden der Ehrenlegion erwerben. .....

In den Kriegsjahren 1814 und 1815 hat Probsthayn mit seiner Batterie noch an vielen Schlachten und Gefechten mit Auszeichnung teilgenommen.

Im Jahre 1836 wurde er zum Major und Kommandeur der Brigade Reitender Artillerie ernannt und starb am 7. November 1839 in Radeberg als aktiver Offizier.

Friedrich Gottlieb Probsthayn hat als Chef der 2. reitenden Batterie vom 1. Mai 1813 bis 15. August 1815 Tagebuch [9, 28] geführt. In seinem Nachlass befinden sich außerdem zwei Tagebuchfragmente [9], deren Urheberschaft nicht nachweisbar ist. Sie stammen vermutlich aus dem Hauptquartier der sächsischen Artilleriebrigade unter dem Oberstleutnant Raabe. Das umfangreichere der beiden Fragmente ist in einem längeren Zeitabschnitt mit Randnotizen versehen, an die das zweite Fragment unmittelbar anschließt. Gelegentlich ist in diesen Tagebüchern auch die reitende Artillerie erwähnt.

Die Schlacht bei Bautzen

In seinem Tagebuch schildert Friedrich Gottlieb Probsthayn die Ereignisse während der Schlacht bei Bautzen sehr nüchtern, ohne seine eigene Beteiligung überhaupt zu erwähnen. Über den dramatischsten Moment der Schlacht, den der Maler Carl Theodor von Götz in einem Ölgemälde dargestellt hat, heißt es nur: *Nachdem wir uns ungefähr bis auf achthundert Schritt den Verschanzungen genähert hatten, marschierten wir mit der größten Präzision und Ordnung auf und gingen en front unter dem heftigsten Feuer gegen die Verschanzungen vor, um der feindlichen Batterie in die Flanke zu kommen. Bei dieser Gelegenheit wurden die beiden Flügelkanonen demontiert. Während die vier übrigen Piecen schon in Tätigkeit waren, wurden unterdessen die beiden demontierten Kanonen durch die vorzügliche Schnelligkeit ihrer Bedienungen sehr bald wieder in aktiven Stand gesetzt. Die Kanonade dauerte fast zwei Stunden lebhaft fort und unsererseits wurde mit so glücklichem Erfolg geschossen, daß der Feind nicht allein die Verschanzungen verließ, sondern auch alle Truppenabteilungen, die dort aufgestellt waren, den Rückzug antreten mußten.*

Von einem Teilnehmer der Schlacht wird erzählt [27], *dass die Russen zur Markierung der Entfernung von ihren Batterien Strohwische in Distanzen von 100 Schritt aufgestellt hatten und auf die feindlichen Geschütze so sicher schossen. Als Hauptmann Probsthayn mit der Batterie vorrückte, soll es dieser sogleich bemerkt und dieselben umgefahren haben, wodurch die Russen sicheren Schuss verloren.*

Probsthayn selbst schreibt dieses Bravourstückchen jedoch einem (namenlosen) französischen General zu. *Die*

Distanzen von den feindlichen Verschanzungen aus bis zu der Höhe, wo sich der Kaiser befand, waren feindlicherseits mit zwei Reihen Jalons abgesteckt, welche oben bemerkter General mit dem Säbel niederhieb. Sonst werden die Akteure stets mit Namen genannt. War er vielleicht doch selbst an der Aktion beteiligt? Nimmt er sich etwa aus Bescheidenheit zurück?

Die Schlacht bei Großbeeren

Nach Bautzen tritt die 2. Batterie in der Schlacht bei Großbeeren wieder in Erscheinung. Wenn sie auch nicht an dem Gemetzel auf dem Kirchhof in Großbeeren beteiligt war, so geriet sie doch in arge Bedrängnis und erlitt erhebliche Verluste an Menschen und Material.

Schon zwei Tage zuvor am 21. 08. 1813 kam die Batterie bei Nunsdorf, zwischen Trebbin und Zossen gelegen, zum Gefecht. Am folgenden Tag gab es dann sehr wechselvolle Kämpfe bei Wietstock, einige Kilometer südlich von Ludwigsfelde. Der Capitain Probsthayn vermisst schon hier eine klare Führung. *Da meine Batterie, wie schon gesagt, fast ganz ohne Deckung war, so suchte ich einer möglichen Aufgebung dadurch zu entgehen, dass ich in der Stille aufprotzen ließ und den Rückmarsch nach Wietstock antrat. Der General Reynier, welcher mir unterwegs begegnete, gab mir den Befehl, auf den Biwak der übrigen Truppen bei Wietstock einzurücken.*

Den 23. August 1813 Mittags 12 Uhr brach das Corps von seinem Biwak auf und ging auf der Straße nach Berlin durch einen Wald gegen Großbeeren vor. Die Kavallerie und beide reitenden Batterien in doppelten Kolonnen. Sowie der Wald passiert war, wurde aufmarschiert und Position nach Großbeeren zu genommen. Noch ehe aber die 2. Reitende Batterie, welche die Chance hatte, den Aufmarsch vollzog, wurde Befehl gegeben wieder zurückzugehen. Wohin? Konnte ich von keinem der Adjutanten erfahren. Der General Reynier befahl mir endlich, mich an die links en Colonne aufmarschierte Kavallerie anzuschließen.

Wieder musste also der oberste Befehlshaber selbst eingreifen und dem kleinen Batteriechef Anweisung geben. Wo waren die unmittelbaren Vorgesetzten?

In einem Wald, *dessen Ausgang bereits mit pommerschen Ulanen besetzt war,* wurde *der Hauptmann Probsthayn mit der 2. Division des Leutnant Hofmann umzingelt und gefangen genommen.* Bei einem Gegenangriff sächsischer Ulanen konnten sie sich wieder befreien. *Die 1. Division der Batterie unter Leutnant Vitzthum aber, welche der 2. Division folgte, ward, da der Leutnant Vitzthum mit dem Pferd stürzte, schon eher umringt und gefangen. Die Geschütze dieser Division waren bereits nach Großbeeren abgefahren, wo sie von den Preußen aufgeprotzt und nach*

Berlin geschafft wurden. Die Mannschaften derselben wurden die Nacht durch in der Kirche zu Großbeeren eingeschlossen. Gefangen wurden von der Artillerie außer den 3 Geschützen und Fuhrwerken der Leutnant Graf Vitzthum, 3 Unteroffiziere, 1 Oberkanonier mit 45 Pferden, 24 Unterkanoniers und vom Train 2 Unteroffiziere, 20 Trainsoldaten mit 43 Pferden.

Im Tagebuch des Capitain Probsthayn wird die eigene Gefangennahme übrigens nicht erwähnt. Dafür gibt es aber eine ausführliche kritische Bewertung der Ereignisse.

Die Ursache, warum von der Kavallerie und namentlich von der reitenden Artillerie ein großer Teil gefangen genommen wurde, ist übrigens wohl nur darin zu suchen, dass bei dem starken Regen alle zu sehr durchnässt und die Wege zu schlüpfrig geworden waren, wodurch die Pferde häufig stürzten. Ferner hatten diese lange Zeit nicht gefressen, die Sättel waren locker geworden und wenn der Artillerist nach geschehener Aktion aufsteigen wollte, so drehte sich der Sattel herum, und als dieser festgeschnallt war, fiel der Mann schon in die Hände des Feindes. Endlich war die Dunkelheit, welche durch den Nebel noch mehr vermehret wurde, eine Hauptursache zur Verwirrung und zum Verluste. Denn keiner wusste nicht, wer Freund oder Feind war, und jeder war sich selbst überlassen. Wäre diese Retraite am Tage erfolgt, so stünde es immer noch dahin, ob der Feind so große Vorteile errang, und ob diese nicht mit so viel Ordnung erfolgt sein würde, dass ihm wenig oder gar nichts in die Hände fiel, und dass er in seinem Vordringen bedeutend würde verhindert worden sein.

Revue vor dem Kaiser und Übergang zu den Alliierten

In der oben genannten Festschrift wird mit keinem Wort auf die außergewöhnlichen Umstände der Ordensverleihung eingegangen. Wurde doch Friedrich Gottlieb zusammen mit einigen weiteren Ausgezeichneten dem Kaiser Napoleon nur wenige Tage vor dem Seitenwechsel der Sachsen während der Schlacht bei Leipzig vorgestellt. In den Tagebuchaufzeichnungen gibt es zwei Versionen dieser Geschehnisse.

Tagebuch von Kapitän Probsthayn ab dem 1. Mai 1813 bis 29. September 1814 (2. Königlich Sächsische reitende Batterie) [9, 28]

*Den 9ten Octbr, marschierte die Brigade in den Vormittagsstunden vom vorigen Bivouac ab, ging durch Eilenburg, wo wir in einer großen Ebene en Linie aufmarschierten, **und die Revue vor dem Kaiser Napoleon paßierten**. Hierauf gingen wir mit der großen Armee in geschloßenen Colonnen bis Görschlitz bei Düben ...*

Den 18ten Octbr 13, früh 8 Uhr gingen wir über den Heiteren Blick nach Taucha zu, um wie es hieß, den Haupt Parc bei Eilenburg abzuholen. Schon hatte mit Tagesanbruch auf dem rechten Flügel und im Centro der französischen Armee die Schlacht wieder begonnen , als der Anmarsch sehr bedeutender feindlicher Maßen uns in unserm Vorrücken auf Eilenburg verhinderten, und uns zwangen Mittags gegen 11 Uhr am linken Flügel der französischen wiederum Position zu nehmen. Die Batterie wurde bei der Paunsdorfer Mühle hinter der Infanterie Brigade von Ryssel en parc aufgestellt.

Kurz darauf bewegten wir uns vorwärts, die Infanterie zog sich en Colonne rechts, die Batterie placierte der Herr Major von Roth rechts von Paunsdorf, wo sogleich abgeprotzt wurde. Auf unserm rechten Flügel stand die 12pfündige und 6pfündige Fuß-Batterie, auf dem linken Flügel eine französische reitende Batterie.

Gegen 1 Uhr Mittags wurden wir von den uns gegen überstehenden feindlichen Batterien beschoßen, was auch unserer Seits möglichst erwidert wurde. Um 3 Uhr retirierte die uns zur linken stehende französische Batterie, und da wir uns einige Zeit ganz ohne Munition befanden, weil die noch vorhandene aus den Dechen-Wagons in die Manoevrie Wagons umgeladen werden mußte, wir auch zu viel Verlust an Mannschaften und Pferden erlitten hatten, so zogen wir uns, um aus der Schußlinie zu kommen, ebenfalls zurück.

Wir verloren auf diesem Posten, den Sergeant Hahn todt, 3 Canoniers und 3 Train Soldaten schwer bleßiert; an Pferden, 4 Canoniers und 14 Trainpferde, welche ebenfalls auf dem Platz liegen blieben. Überdieß wurde dem Train Lieutnant Krüger sein bestes Pferd ebenfalls todtgeschoßen.

Unter diesen Umständen, und da die Batterie zudem nicht die complette Mannschaft hatte, befahl der Herr Oberst Lieutnent Raabe, die Batterie sogleich wieder zu 3 Piecen zu formieren, und an einer Windmühle zwischen Sellershausen und Stunz wiederum Position zu nehmen. In kurzem wurde dieser Befehl vollzogen, und die Batterie rückte in die neue Position mit 2 Canons und 1 Haubitz; das 3. Canon wurde auf dazu gegebenen Befehl an das Grimmaische Thor gebracht, wo es in den daselbst befindlichen Parc abgegeben wurde. Die 12pfündige Batterie war indeßen ebenfalls an die Windmühle gerückt und stand uns rechts. Zu meiner Deckung war der Major von Egydi mit 2 Compagnie Schützen gegeben, welcher sich etwas links von mir aufgestellt hatte. **Anfangs wurde auf diesen Posten wieder lebhaft chargiert, und der General Reynier gab mir mündlich den Befehl, auf die Colonnen, die bei Paunsdorf vordrangen, zu schießen.**

So standen wir bis Nachmittags 4 Uhr, wo ein Übergang des größeren Theils der Sächs. Armee allem Kampfe gegen die Alliierten ein Ende machte. Durch ein glückliches Ungefähr waren sämmtliche Batterien auf einem Punkt

zusammen, daß der Übergang von allen bewerkstelligt werden konnte. Die Cavallerie war schon in den Nachmittags Stunden übergegangen. *Vergebens verfolgte uns die französische Cavallerie als dann eine Wolke Cosacken, die auf unsere Ankunft vorbereitet schien, hüllte uns ein und brachte uns im Triumpfe in die Reihen der Alliierten, wo sich Artillerie und Infanterie wieder formierte. Die 1te reitende Batterie, welche diesen ganzen Tag ruhig gestanden hatte, ging nun mit 2 Canons und 1 Haubitz, von der2ten Batterie, mit dem Sous Lieutn. Hoffman von Altenfels gegen die Franzosen in Action.* Bei dieser Gelegenheit wurde der Hauptmann Birnbaum bleßiert. Das übrige rückte alles im Rücken der Armee auf ein Bivouac, wohin auch die 1te Batterie Abends stieß

Tagebuch aus der Campagne 1813, 1814 und 1815 [9] aus dem Nachlass des Kapitäns Probsthayn

Den 9ten marschierte das 1te Corps gegen Eilenburg, paßierte daselbst die Mulde und stellte sich hinter derselben en Colonne auf, von wo sich gegen Paschwitz eine Abtheilung Kosaken zeigten, die gegen uns tiraillirten, aber mit einigen Granaten immer zurückgehalten wurden, bis der franz. Kaiser mit den Garden und dem Corps ankam, wo sie sich ganz zurückzogen. **Der Kaiser hielt hierauf Revue über das 7te Corps, versammelte nach Beendigung dieser** *sämtliche Offiziers und Unteroffiziers dieses Corps um sich, und hielt folgende Rede*

> „Soldaten des 7ten Armeecorps, Franzosen und Sachsen!

> „Ihr habt meine Erwartungen nicht erfüllt. Während ich bei Dresden die Feinde schlug, habt ihr euch zurückdrängen lassen. Ich bin gekommen, um mich an eure Spitze zu stellen und das wieder gut zu machen, was ihr verloren habt.

> „Sachsen! Ihr habt oft mit den Franzosen gesiegt. Ihr habt bei Friedland und Deutsch-Wagram bewiesen, dass ihr siegen könnt. wenn ihr wollt. Erhaltet euren Ruhm. Ihr fechtet jetzt für euer Vaterland. Ich würde Frieden gemacht haben, allein Preußen wollte den Namen der Sachsen aus der Reihe der Nationen vertilgen und euer Vaterland zerstückeln. Siegen wir daher, so ist es gut für euch. Bleibt eurem König treu, und sind welche unter euch, die ihrem König nicht treu sein wollen, so erlaube ich ihnen, sogleich in ihre Heimat zurückzukehren. Ihr aber, die ihr eurem König treu bleiben wollt, schwört jetzt – entweder zu sterben oder zu siegen.

> „Franzosen! Ihr habt stets gesiegt, und nur jetzt verließ euch das Glück. Schwört mir zu sterben oder zu siegen.°

Nach dieser Rede wurden dem Kaiser alle diejenigen vorgestellt, welche zum Kreutz der Ehrenlegion

vorgeschlagen wurden. *Hierauf setzte sich die Armee … auf der Straße nach Düben in Marsch …* (Die zitierte deutsche Fassung der Rede hält sich in Sinn und Wortwahl an das französische Original, und nicht an die missglückte Simultanübersetzung Coulincourts, die bei den Sachsen für Spott und Heiterkeit sorgte [22]).

Den 18ten früh 8 Uhr gingen wir auf Taucha zu, um die Hauptfront bei Eilenburg zu halten. Schon hatte mit Tagesanfang auf dem rechten Flügel und im Centro die Schlacht wieder begonnen, als der Anmarsch der Schweden und eines Theils der Rußen und der Preußen uns in unserem Vorrücken auf Eilenburg verhinderten und uns zwang im linken Flügel der franz. Armee bei Paunsdorf rechts der Windmühle aufzumarschieren. Hier standen wir von früh 9 Uhr bis Mittags 1 Uhr unter dem lebhaftesten Canonenfeuer. Der Oestreicher, außer Infanterie und Cavallerie, stand en Reserve. Nur ein Theil der leichten Infanterie wurde manchmal über Paunsdorf, das wir besetzt hielten, gegen die Oester. Battr. vorgeschoben, konnte aber wegen des zu heftigen Canonenfeuers nicht fortkommen.

Früh 1 Uhr hatte die Cavallerie Brigade mit dem Feinde von Paunsdorf nach Taucha zu parlementiert und war bald darauf zu dem Feinde übergegangen.

Gegen 1 Uhr Mittags zogen wir uns zurück und nahmen zwischen Stünz und Sellershausen Position, wo die Infanterie sich en Colonne setzte, und nur die 1te und 2te reitende Batterie in ihrer alten Position fortwährend feuerte. Während wir hier standen conferirten die Brigadiers G. von Ryßel, Oberst von Brause, OberstInt. Raabe wegen des Überganges. Ersterer schickte seinen Adjutanten in das Hauptquartier und ließ melden, daß er die 2te Brigade überführen würde. Auch die Artillerie sollte übergehen, und da der Hauptmann Birnbaum nach dem Übergange der Cavallerie mit der 1te Batt. reit. Artill. sich an das Grimmaische Thor gezogen hatte, so wurde der Lieut. Jahn dahin geschickt, um ihn zu der übrigen Batterie zu bringen.

Während dieses geschah, war der Capitaine des Generalstabes an Ihre Maj. den König geschickt worden, um von ihm die rechtmäßige Erlaubniß zum Übergange zu holen.

So stand alles zum Übergange bereit, als der Capitaine zurück kam und ein Blatt Paphier mit den Worten: "Ihr sollt hold und gewärtig seyn" mitbrachte, welche der König dem General v. Gersdorf in die Feder diktiert haben soll.

Das Zusammentreffen mehrerer Umstände machte, daß es unmöglich war, den einmal eingeschlagenen Schritt zurück zu thun. Der General Maj. v. Ryßel ließ in dieser Absicht seine Brigade avanciren. Allein der Genlt. v. Zeschau , der das Blatt vom König erhalten haben sollte, befahl zu halten u. entledigte den GenMaj. v. Ryßel auf der Stelle seines Brigade Commandos indem er eilte dem Gen. en Chef diesen Vorgang zu melden. Der Gen v. Ryßel ging in diesem Augenblicke zum Feind über. Ihm folgten in diesem Augenblicke: Die 2 leichten Bataillone, das Bataillon v. Steindel, v. Anger, das Gren. Battaillon v. Spiegel, die Detachements v. Pr. Anton, v. Maximilian, v. Friedrich, v. Niesemeuschel. Allein sie wurden theils durch die franz. Cavallerie, theils durch die Brandrakethen , welche der vom Übergange nicht gänzlich unterrichtete Feind auf sie warf, zersprengt und kamen späterhin nur einige in den Reihen der Alliierten an.

In dem Augenblicke nun, in welchem sich dieses links der Artillerie bei der Infanterie ereignete, begünstigte ein besonderer Zufall den gleichzeitigen Übergang

Die Brig. v. Brause, welche gleich hinter der Artill. stand, folgte derselben. Eine Escad. Husaren ohne Offic. deckte die Artillerie.

Alle Batterien standen zum Übergang bereit, als sich auf einmal rechts von der Tabaksmühle herein eine starke feindliche Cavallerie Colonne blicken ließ.

Der franz. Gen. Roucy, welcher die Artillerie des 7ten Corps commandirte, gab dem Oberstlt. Raabe sofort

Befehl, mit einem Theil seiner Artillerie vorzurücken, u. den Feind zu beschießen.

Sogleich ließ der Oberstlt. Raabe alle Batterien aufprotzen und ging so ohne anfangs Verdacht zu erregen in vollem Trab zu den Alliierten über. Die Franzosen suchten uns zwar durch ihr Kanonenfeuer u. durch ihre nachgeschickte Cavallerie aufzuhalten. Allein es währte nicht lange, so umhüllte uns eine Wolke Kosaken so daß wir ungehindert bei den Alliierten einrückten.

Die 1te reitende Batterie kehrte sogleich um und feuerte noch bis spät in die Nacht auf die Franzosen. Bey dieser Gelegenheit wurde der Hauptm. Birnbaum durch eine Contusion bleßirt, worauf der Souslt. Raabe als einziger Artill. Officier in der Batt. das Commando derselben übernahm. Das übrige des Sächs. Corps ging bis Engelsdorf wo es sich so gut als möglich formierte. Die 3 H. Brigadiers aber begaben sich in das Hauptquartier der Alliierten um unsern Übergang zu melden.

Den 19ten Octbr. marschierten wir über Stetteritz nach Connewitz, bei welcher Gelegenheit wir die Revue vor dem Oestr. General Fürst von Hohenlohe paßierten.

Diskussion

„Natürlich erscheint es leicht, mit dem heutigen Wissen diese Vorgänge und deren Sinnlosigkeit — der sächsische König wurde deportiert und das Land geteilt — aufzuzeigen .Es ist einfach, es hinterher besser zu wissen. Die Gedanken, der zwischen Paunsdorf und Stünz stehenden Männer, werden nie bekannt werden." (J. Titze: Der Übergang der Sachsen am 18. 10. 1813) [26]

Trotzdem soll hier versucht werden, aus den Tagebuchaufzeichnungen etwas über den Chronisten selbst herauszulesen.

Da ist zunächst einmal die Ordensverleihung. Obwohl die Revue vor dem Kaiser am 09. Oktober 1813, bei der die zukünftigen Ritter der französischen Ehrenlegion vorgestellt wurden, als Wendepunkt im Verhältnis der Sachsen zu den französischen Verbündeten angesehen werden kann, erwähnt sie Probsthayn nur in einem Halbsatz. In dem anderen Tagebuch wird zwar die bei dieser Gelegenheit gehaltene denkwürdige Rede Napoleons im offiziellen Wortlaut zitiert und die Ehrung einiger sächsischer Soldaten erwähnt, jedoch ohne Kommentar und ohne Namensnennung. Es gibt kein Wort über die Stimmung in der Truppe und über die Haltung gegenüber den Franzosen.

Angeblich hatten die Sachsen demonstrativ nicht in die Hochrufe auf den Kaiser eingestimmt. [29] Die Unterstellung,

Probsthayn habe anders als seine Kameraden ‚bestimmt ‚Vive l'Emperieur!' gerufen‘, [29] nur weil er einen Orden bekommen hat, passt so gar nicht zu seiner distanzierten Berichterstattung. Die Ordensverleihung an 56 sächsische Soldaten war wohl auch als Sympathiewerbung für die französische Sache gedacht, Capitain Probsthayn und sein gleichfalls dekorierter Sous Lieutnant Hoffmann von Altenfels konnten sie aber durchaus als verdiente militärische Auszeichnung verstehen. Das Vorschlagsrecht lag ohnehin bei ihren sächsischen Vorgesetzten. Die Ordensträger mussten sich durch die Annahme der Ehrung nicht zwangsläufig dem französischen Kaiser verpflichtet fühlen.

Die posthumen Ehrungen, die Friedrich Gottlieb Probsthayn zuteilwurden (s. o.), galten vermutlich auch der Selbstdarstellung der reitenden Artillerie insgesamt. Ein bisschen Glanz fällt eben zurück. Ob sich der Geehrte selbst zu Lebzeiten seiner Heldentaten gerühmt hat, kann man daraus nicht ablesen. Vielleicht war ihm das gar nicht so wichtig.

Am 18. Oktober 1813 passierte Unerhörtes. Ganze Truppenteile wechseln während der Schlacht die Seiten! Capitain Probsthayn ist als Batteriechef mittendrin. Trotzdem wahrt er in seiner Berichterstattung Abstand.

Im Vorfeld des Überganges waren die Sachsen noch auf Seiten der Franzosen am Kampfgeschehen beteiligt. Der französische General Reynier gibt dem kleinen sächsischen Offizier noch persönlich Befehl, auf seine späteren Verbündeten zu schießen. In dem anderen Tagebuch geht der Befehl nicht von Reynier selbst, sondern von dem nachgeordneten General Roucy an Probsthayns Vorgesetzten, den Brigadier Raabe. Dieser Befehl wird nur noch zum Schein ausgeführt, in Wirklichkeit aber für den Übergang genutzt.

Probsthayn berichtet über diese dramatischen Ereignisse ziemlich emotionslos. In seinem Tagebuch heißt es, … *machte allem Kampfe gegen die Alliierten ein Ende. … ein Wolke Kosaken brachte uns im Triumpfe in die Rehen der Alliierten.* In dem anderen Bericht fehlen selbst diese Formulierungen. Dafür wird über die Beratungen berichtet, die dem Übergange vorausgingen. An diesen war Probsthayn offenbar nicht beteiligt, sondern die Kommandeure in der übernächsten Befehlsebene. Dabei spielte der Infanterie-Brigadier Generalmajor von Ryssel eine Schlüsselrolle, während der Artillerie-Brigadier Oberstleutnant Raabe, Probsthayns direkter Vorgesetzter, von den Ereignissen mitgerissen worden zu sein scheint. Von dem Major v. Roth, dem die beiden Batterien reitender Artillerie unmittelbar unterstellt waren, ist ab Mittag des 18. Oktober nicht mehr die Rede. Er ist wohl durch Krankheit ausgefallen.

Für die nachgeordneten Offiziere und Mannschaften gab es sicherlich kaum noch Raum für eigene Entscheidungen. Allerdings hat sich Capitain Birnbaum, Probsthayns Kamerad, mit seiner 1. reitenden Batterie, auffällig anders verhalten als die übrigen Übergänger. Unterstützt von Sous Lieutnant Hoffmann v. Altenfels mit einer Haubitze aus Probsthayns 2. reitender Batterie, lässt er sofort wenden und feuert auf die ehemals verbündeten Franzosen. Dieser Vorgang wird in beiden Tagebüchern erwähnt, wenn auch ohne jegliche Bewertung. Birnbaum soll aber später von Oberstleutnant Raabe für sein eigenmächtiges Handeln gerügt worden sein (J. Titze: Der Übergang der Sachsen am 18. 10. 1813) [26].

August Kummer [22], ein anderer Chronist dieser Ereignisse, war damals gerade als einer der ältesten Eleven der Artillerie-Akademie zum Offizier vorgeschlagen worden und musste sogleich eine halbe Division im Bataillon Anton führen. Er schreibt in seinen Erinnerungen: *Als am 18. Oktober das schwache sächsische Corps bei Leipzig zu den Verbündeten überging, hatte kein einziger Soldat nur den entferntesten Gedanken, seinem Könige untreu werden zu wollen; im Gegentheile beseelte Jeden der feste Glaube, daß er den König und das Vaterland retten werde, indem Keiner zweifelte, daß, wenn wir in den Reihen der Verbündeten ständen, diese unsern König auch als Verbündeten anerkennen würde. Leider aber hatten wir uns getäuscht.*

Man kann wohl annehmen, dass Friedrich Gottlieb Probsthayn ähnlich dachte. Schließlich hatte seine Familie in Moritzburg seit mehreren Generationen berufliche Bindungen an den Fürstenhof. Warum sollte er die Treue zu seinem König infrage stellen? Dagegen mag es weniger Skrupel gegeben haben, die Franzosen zu verlassen und sich ihnen entgegenzustellen. Die Sachsen hatten ja dem französischen Kaiser keine Treue geschworen. Daran änderte auch ein französischer Orden nichts.

Schon vor dem spektakulären Seitenwechsel der Sachsen während der Schlacht bei Leipzig bröckelte die Bündnistreue zu den Franzosen. Unter dem 22.09.1813 [9] heißt es:

Der Major Bünau, welchem einstweilen das Kommando des Bataillons König übertragen war, das heute just auf Vorposten stand, ging mit demselben in der Nacht um 12 Uhr zum Feinde über.

Der Major von Bünau hatte bei einer weiter vorwärts stehenden Husaren-Feldwache angegeben, er sei beordert, eine Rekognoszierung vorzunehmen, weshalb er auch nicht eher vermisst wurde, als bis der Oberst von Lindenau nach 6 Uhr wirklich eine Rekognoszierung machen wollte, zu der oben benanntes Bataillon König bestimmt war. Das ganze Bataillon bestand aus 1 Major, 6 Offizieren und 330 Mann, von welchem nichts als ein Posten von 20 Mann zurückverblieb.

Probsthayn erwähnt diesen unerhörten Vorgang jedoch nicht. Der passte sicherlich nicht in sein Weltbild. Für eigenmächtige Entscheidungen gab es da keinen Platz, wie aus dem folgenden Eintrag hervorgeht.

Den 5. September 1813 marschierte der Hauptpark von hier ab, und die Batterie erhielt Befehl, auf der sogenannten Insel in den Festungswerken von Wittenberg zu biwakieren.

*Heute Nachmittags 4 Uhr hielt der Gouverneur der Festung Revue über sämtliche anwesende sächsische Artillerie, und gegen Abend musste ich eine Haubitze unter Kommando des Feuerwerkers von Watzdorf auf Vorposten außerhalb der Festung an die Ziegelscheune auf der nach Rothemark führenden Straße aufstellen. Ein polnisches Infanterie-Bataillon, was zu demselben Behufe bereits auf diesem Posten stand, diente zugleich als Deckung unserer Piece. **Da es allen Anschein hatte, als sollten wir mit zum Festungsdienst gezogen werden, verfügte ich mich***

Den 6. September 1813 zu dem Herrn General-Leutnant von Zeschau**, der Tags zuvor hier angekommen war, um zur Armee zu gehen, **und bat diesen um Verhaltungsbefehle**, weil ich ohne vorher erhaltene Ordre eines sächsischen Artillerie-Stabsoffiziers Bedenken trug, Geschütz und Munition auf eines Anderen Verlangen, sogleich hinzugeben. **Der Herr General-Leutnant von Zeschau erwiderte mir aber, dass man bei so bewandten

Umständen nichts anderes tun könne, als den Befehlen nachzukommen, die der Festungskommandant verlangte.

Der Banner der freiwilligen Sachsen

Der König von Sachsen, der bis zuletzt an Napoleons Zusicherung geglaubt hatte, ihn im entscheidenden Moment zu retten, war gleich nach dem Sieg der Verbündeten aus seinem Versteck in der Leipziger Residenz barhäuptig und zitternd weggeführt worden. Das Land wurde dem russischen Fürsten Repnin zur vorläufigen Verwaltung übergeben.

Eines Tages erschienen bei dem Freiheitsdichter Arndt zwei Kosakenoffiziere und fragten nach Gospodin Ernst Moritz. ... Die beiden erklärten ihm, Seine Durchlaucht Fürst Repnin wünsche ihn zu sprechen. ... Repnin empfing ihn freundlich .. und bat seinen Gast zunächst an die üppige Tafel. ...Schließlich goss der Fürst aus einer großen Karaffe eine kühle Flüssigkeit in Arndts Glas...hob das Glas und sagte, ohne Arndt anzublicken: „Russland hat sehr viele Soldaten verloren. Was wir jetzt machen, ist eigentlich nicht mehr unsere Sache. Sie haben gehört vom >Banner der freiwilligen Sachsen<, Monsieur Arndt?"

Arndt nickte. .... Er wusste auch von den Bestrebungen der Bürgerschaft und der studentischen Jugend ein

Freiwilligenkorps aufzustellen nach dem Vorbild der Lützower Jäger.

„Sehr wohl, Durchlaucht. Ich darf mich glücklich schätzen, nicht ganz unbeteiligt daran zu sein."

„Verfassen Sie einen Aufruf an die Sachsen." [18]

Am 31. Oktober 1813 erließ der General-Gouverneur Fürst Repnin dann in Leipzig einen ‚Aufruf zum Banner der freywilligen Sachsen'.[17]

Die denkwürdigen Tage, welche jüngst in den Ebenen von Leipzig das Schicksal von Europa entschieden haben, geben Euch, Sachsen, die langersehnte Freyheit zurück. Ihr habt bisher Eure Unthätigkeit in dem großen Kampfe, welcher für die höchsten Güter der Völker geführt wird, damit entschuldigt, …. daß Ihr, umfangen von den Fesseln des Feindes, der Euer Land mit seinen Schaaren bedeckt hielt, die Arme für die Sache des Vaterlandes nicht hättet ausstrecken können. …

Auf! Erhebet Euch nun für die große Sache des Vaterlandes! Ihr seyd Zeugen gewesen, wie Eure deutschen Brüder für diese Sache gekämpft, wie Gott ihre Anstrengungen gesegnet hat. Euer Land ist der Schauplatz neu errungenen deutschen Heldenthums. An allem diesem habt Ihr noch keinen Theil. Was Tapferes von Eurer Armee geschehen, galt für den Unterdrücker und zur Unterdrückung.

> *.... eine allgemeine Sehnsucht erwache, ... die Kräfte zu regen im heiligen Kampfe für Vaterland und Freyheit, und würdig einzutreten in die Gemeinschaft der deutschen Tapfern, die den Kampf bis dahin so siegreich geführt haben, und des ganzen deutschen Volks, das im alten Ruhme und in der Freyheit und Unabhängigkeit zum Heil von ganz Europa leben und blühen soll.*

Nach diesem schwülstigen Appell an die patriotischen Gefühle der Bürger werden den Freiwilligen einige Privilegien versprochen, aber es wird ihnen auch mit Nachteilen gedroht, falls sie nicht rechtzeitig dem Aufruf folgen. Es haben sich schließlich, aus welchen Motiven auch immer, über 3000 Bürger gemeldet, darunter auch einer des Namens Probsthayn oder Probsthahn. [25]

Lauf. Nr.	Name	Vorname	Geburtsort oder [Aufenthalt]
2531	Probsthahn [48]),	Wilhelm	Moritzdorf

Stand oder Gewerbe	Alter	Tag der Meldung
Oberförster-Adjunkt	30	25. XII.

[48]) 7. II. 14 wegen Unentbehrlichkeit entlassen

In der Schreibweise der Familiennamen gibt es sehr zahlreiche Abweichungen des Stammbuches vom Register. Schon aus ihnen geht hervor, daß die Freiwilligen fast durchweg ohne Papiere sich eingestellt haben müssen, und ferner, daß sowohl sie wie der Schreiber ein unverfälschtes Sächsisch gesprochen haben. Die Ortsnamen sind in moderner Schreibweise angegeben. *Irrthüner müssen hier als durchaus möglich offen gelassen werden.*

Unter Berücksichtigung dieser Unsicherheiten und, weil der Name Probsthahn o. ä. in dem kleinen Dörfchen Moritzdorf nicht zu finden ist, handelt es sich bei dem registrierten Freiwilligen sehr wahrscheinlich um **Immanuel Wilhelm Probsthayn**, geb. 1781 in Moritzburg, Bruder der beiden sächsischen Offiziere. Er war 1812 *Adjunkt* in der *Oberforstmeisterey Annaburg.*

Wilhelm brauchte nicht mehr mit dem Banner ins Feld zu ziehen, weil er wohl für den Oberförster, den er als Adjunkt unterstüten sollte, unentbehrlich war. So blieb ihm Schlimmes erspart. Sonst wäre er womöglich bei der Schar Freiwilliger gewesen, die am 12. April 1814 auf dem Wege von ihrer Heimat über Miltenberg nach Frankreich waren, um dort Napoleon endgültig zu schlagen, aber beim Übersetzen über den Main mit der Fähre kenterten und elendiglich ertranken. [23]

Bei Miltenberg am Maine

Sie haben Schiffbruch erlitten,

Sie sind versunken im Maine,

Sie haben am Rhein nicht gestritten.

Bei Miltenberg am Maine,

Die da versanken, die blieben,

Die andern zogen zum Rheine,

Und ließen zurück die Lieben.

Friedrich Rückert

Sie haben auch nicht viel versäumt, denn der Banner kam nicht mehr recht zum Einsatz gegen Napoleon. Die Truppe nahm lediglich wenige Tage bis zur Übergabe an der Belagerung von Mainz teil. Kurz darauf Ende Juli 1814 wurde der Banner aufgelöst.

Die Meldungen zum Banner, dessen Zahl auf 3000 festgesetzt war, entsprachen zunächst nicht den Erwartungen, so daß er noch durch Angehörige der Landwehr und der Linie ergänzt werden mußte. Es waren schließlich etwa 2258. *Die Zahl der Meldungen war aber wesentlich höher, etwa 3200,* von denen aber *nach den Einberufungen mehrere hundert ... weggeblieben waren.* [19]

Bei Wilhelm liegt der Verdacht nahe, dass die Meldung gut kalkuliert war, aber sicherlich nicht aus überschäumendem Patriotismus erfolgte. Es konnte für die Karriere im Staatsdienst, unter welcher Obrigkeit auch immer, nur von Vorteil sein. Weiterhin entging man so der drohenden allgemeinen Wehrpflicht, und die Unabkömmlichkeit stand ja von vornherein fest. Seinem beruflichen Fortkommen hat es zumindest nicht geschadet. Als sein Sohn Louis Wilhelm, auch ein Förster zu Gräfenhainichen, 1858 in Berlin heiratet, ist er k. Oberförster zu Pratau in der nunmehr preußischen Provinz Sachsen. Einen Förster Probsthain gibt es auch 1848 in Burgliebenau bei Schkopau (Preußen). Wilhelms jüngerer Bruder Sigismund Magnus wohnt dagegen 1828 als Förster im Amt Stolpen (Sachsen) im Forsthaus zu Seligstadt.

Befreiungskriege

‚Mit Mann und Ross und Wagen so hat sie Gott geschlagen' als im Winter 1812/13 Napoleons Russlandfeldzug in Chaos und Flucht mündete. Für das preußische Corps unter dem General Yorck bot sich die Gelegenheit zu einem separaten Waffenstillstand mit den Russen, der am 30.12.1812 gegen den Willen des Preußischen Königs Friedrich Wilhelm III in Tauroggen geschlossen wurde. Das war Hochverrat! Doch der König musste sich schließlich selbst an die Spitze der Freiheitsbewegung stellen.

Am 17.03.1813 richtete er einen Aufruf ‚An mein Volk'. Der Aufruf wandte sich nicht nur an seine verbliebenen Untertanen, die *Brandenburger,, Preußen, Schlesier, Pommern und Lithauer*, sondern allgemein an *die Deutschen*!

> *Es ist der letzte entscheidende Kampf, den wir bestehen, für unsere Existenz, unsere Unabhängigkeit, unsern Wohlstand. Keinen andern Ausweg gibt es, als einen ehrenvollen Frieden, oder einen ruhmvollen Untergang. Auch diesem würdet ihr getrost entgegen gehen, um der Ehre willen, weil ehrlos der Preuße und der Deutsche nicht zu leben vermag.*

Schon vorher gab es Bestrebungen ein Freikorps aufzustellen, dem Freiwillige aus allen deutschen Staaten beitreten können sollten. Ab Ende Januar 1813 wurde in Breslau um Freiwillige geworben. Der Student Anton Probsthan aus Mecklenburg-Strelitz war auch dabei und gehörte wie der berühmte Freiheitsdichter Theodor Körner dem Lützowschen Freikorps an.

Schwarz-Rot-Gold und Lützows wilde, verwegene Jagd

Was zieht dort rasch durch den finstern Wald
Und streift von Bergen zu Bergen?
Es legt sich in nächtlichen Hinterhalt;
Das Hurra jauchzt und die Büchse knallt;
Es fallen die fränkischen Schergen.

Und wenn ihr die schwarzen Jäger fragt:
Das ist Lützows wilde, verwegene Jagd.

Adam Johann <u>Anton</u> Probsthan, 1792 als Sohn des Pfarrers Johann Christian P. in Strelitz geboren, trat als junger Theologiestudent dem Lützowschen Freikorps bei, um für die Befreiung von der Napoleonischen Fremdherrschaft zu kämpfen. Als Oberjäger wurde er Zeuge vom ‚Heldentode' Theodor Körners (26.Aug.1813 bei Gadebusch unweit des Dorfes Lützow in Mecklenburg), des berühmten Dichters des Freiheitskrieges, dem später viele Denkmäler gesetzt wurden u.a. in seiner Heimatstadt Dresden. Der ehemalige Oberjäger Anton P. gab viele Jahre später einen Augenzeugenbericht zu Protokoll.

Gadebusch, Mecklenburg, 26. August 1813

Nach einer misslungenen Attacke auf einen französischen Proviant-Transport bei Gadebusch in der Nähe von Schwerin gelang es einem Teil der Begleitung des Transportes, *sich in die Schonung zu werfen und nun aus gedeckter Stellung ihre Kugeln zu senden, von denen auch bald ein Husar und ein Ulan getroffen wurden.* ....*Danach kommt mir* (Leutnant) *Körner entgegen und sagt: „Der Major*

(Lützow) hat befohlen, die Franzosen aus der Schonung zu vertreiben." Und ich möge mitkommen, *um mich denen anzuschließen, die er bereits versammelt habe. .... Während wir über die Unmöglichkeit sprachen, in die sehr dichte Schonung einzudringen und die Franzosen daraus zu vertreiben, fiel ein Schuß und Körner ruft „Mich haben sie gut getroffen" legt die Hand in die rechte Seite, neigt sich rücklings nach rechts, fällt vom Pferde und ist sofort tot. Der Leutnant Fischer und der Oberjäger Helfritz nahmen die wertvollen Gegenstände des teuren Toten an sich und dann trugen wir ihn zu einem der erbeuteten Wagen, wo wir ihn so gut zu betten suchten, als es möglich war. ... Ich bin der einzige noch lebende Zeuge bei dem Tode Körners und ich sage die Wahrheit. Alle Berichte, die ich über seinen Tod gelesen, namentlich die der bekannten ‚Gartenlaube', sind falsch.* (http://www.epoche-napoleon.net/geschichte/koerner.html)

Damit setzt er der Stilisierung Theodor Körners als ‚Heldenjüngling' und den heroisierenden Legenden um dessen Tod eine sehr nüchterne Schilderung des Geschehens entgegen. Der ‚Heldentod' wirkt nun fast banal, eine Erfahrung, die in den beiden Weltkriegen viele Soldaten, so auch ich, immer wieder machen mussten, wenn sie mit Tod und Leiden von Freund oder Feind konfrontiert wurden.

Petershagen, Ostpreußen, 07. Februar 1945

Während ich noch auf eine Anweisung des Geschützführers wartete, wo ich mit dem Maschinengewehr, das mir kurz zuvor ohne Anleitung zugeteilt worden war, in Stellung gehen sollte, um auf die angreifenden Rotarmisten zu schießen, explodierte eine Granate direkt vor unserer Kanone. Bis auf den Unteroffizier waren alle Kameraden verwundet oder sofort tot. Ich sagte: „Mich hat es auch erwischt.", ließ das Maschinengewehr los und lief zurück in die Unterkunft. Ein Kamerad nahm mir Stahlhelm, Karabiner und Koppel mit Patronentaschen ab, zog mir vorsichtig den Mantel aus und brachte mich zur ersten notdürftigen Versorgung meines zerschmetterten Oberarmknochens zum nächstgelegenen Verbandsplatz. [30]

Wie sich die Bilder gleichen!

Durch die Verbindung mit Theodor Körner wurde Anton weit über die Grenzen seiner Heimat bekannt, wobei er selbst zum Helden avancierte. Sogar viele Jahre später erschienen im fernen Amerika Zeitungsnotizen zu seinem Ehejubiläum und Tode:

Anton Probsthahn, rector of Fuerstenberg, who, when Theodor Koerner, the author of ‚The Sword Song,'

was mortally wounded, carried him in his arms off the battle ground, has just celebrated his golden wedding. He is the sole surviving comrade of Koerner. (Galveston Flakes Dayly Bulletin, 29. Apr. 1871, Texas, USA) –

Das Schwertlied

Du Schwert an meiner Linken,

was soll dein heit'res Blinken?

Schaust mich so freundlich an,

hab' meine Freude dran.

Hurrah! Hurrah! Hurrah!

Fürstenberg (Mecklenburg-Strelitz), 5. Jan. Ein sanfter Tod endete das Leben eines der letzten Waffengefährten Theodor Körner's, des Rektors emer. Anton Probsthan. Derselbe hat den todeswunden Körper aus dem mörderischen Gefechte des Lützow'schen Corps bei Gadebusch mit anderen Kriegsgefährten herausgetragen und bis zu dessen Begräbniß unter der Wöbbelineiche treu bei ihm ausgehalten. Probsthan, der das hohe Alter von über 90 Jahren erreicht hat, feierte vor noch nicht langer Zeit mit seiner betagten Lebensgefährtin im Kreise von Enkeln und Enkelkindern das seltene Fest der diamantenen Hochzeit. (Indiana Tribüne, Volume 6, Number 136, 3 February 1883)

Anton Probsthan ist neben Friedrich Gottlieb Probstthayn einer der wenigen Vertreter der Namensverwandten, dem ein Eintrag in WIKIPEDIA gewidmet ist. Nach dem Kriege war er von 1818 bis 1851 Rektor der Stadtschule in Fürstenberg/Havel. Dort starb er 1882. Ein Grabdenkmal am

Alten Friedhof in der Nähe des Bahnhofs wird noch heute als Ehrengrab von der Stadt gepflegt.

Hier ruht
inmitten seiner Verwandten
der Freiheitskämpfer,
der Jäger im Lützowschen Reiterregiment
Adam Johann
Anton Friedrich
Probsthan
geb. 25.2.1792, gest. 31.12.1882.
Das Andenken an diesen
Waffengefährten Theodor Körner
halten wir in Ehren!
Die Stadt Fürstenberg.

Anton Probsthan ist auch auf einem Holzstich (um 1880) abgebildet, das Theodor Körnen am Vorabend seines Todes im Kreise seiner Kameraden zeigt. (Dieses Bild hatte ich schon als Kind in einem Band aus Vaters Bücherschrank gesehen. Nun ist es wieder aufgetaucht, dank Internet.)

Theodor Körner am Abend vor seinem Tod im Gutshaus Gottesgabe bei Schwerin (25. August 1813), von links nach rechts: ein Kosacke, Theodor Körner, Friedrich Friesen, Adolf v. Lützow, Fritz Helfritz, Joseph Fischer, Anton Probsthan.

Holzstich ca. 1880, nach Gemälde von Friedrich Wilhelm Heine (1845-1921)

Von dem alten Lützower Probsthan aus Mecklenburg existiert noch eine interessante Aufzeichnung im Dresdener Körner-Archiv. Danach haben die Farben Schwarz-Rot-Gold unserer Nationalfahne ihren Ursprung in dem Panier der Burschenschaft, deren Mitbegründer Anton war. Schon 1815 habe die Tante seines Schwiegersohnes, *ein Fräulein Amalie Nitschke in Jena, die Fahne gestiftet und dazu die Farben der ‚Vandalia‘, der Landsmannschaft der Mecklenburger, gewählt, da diese den Kampf gegen die Landsmannschaften mit Blut und Eisen durchgefochten und dieselben gesprengt hätten.* So sei *die Fahne das Symbol der deutschen Einigkeit geworden und 1848 überall als solches sogar bei dem Militär gebraucht worden. Als nach 1817, nach dem Wartburgfest die Demagogen Hetze begann, wurde die Jenaische Fahne in die Schweiz gerettet, kam erst 1865 nach Jena zurück, wo sie sich noch jetzt befindet.* (Aus „Für Burschenschaft und Vaterland" von Peter Kaupp)

Der Corpslandsmannschaft Vandalia Jena gehörte Anton schon seit 1812 an. Am 25.März 1813 trat er als Freiwilliger in Breslau dem Lützowschen Freicorps bei. 1814 wurde er Mitglied der Jenaer Wehrkraft, einer studentischen Landwehreinheit. 1815 gehörte er mit acht anderen Angehörigen der Vandalia zu den elf Stiftern der Urburschenschaft in Jena. Alle waren zuvor Angehörige des Lützowschen Freikorps.

Sein Engagement in den Befreiungskriegen im Kampf gegen Napoleon und später in der Burschenschaft für die Abschaffung der Kleinstaaterei und die Schaffung eines gesamtdeutschen Reiches hat ihn, so scheint es, für sein ganzes Leben geprägt. Dafür sprechen nicht nur die beiden oben zitierten Kommentare aus späteren Jahren, sondern auch, dass er im Zuge der Restauration beruflich kalt gestellt wurde. Als Mitglied des Schulvorstandes (zusammen mit dem Pfarrer und dem Bürgermeister) war er zwar 1848 auf Seiten der konservativen Obrigkeit, doch wurde er 1851 als Rektor mit erst 59 Jahren zwangspensioniert. Auch das Amt als Pfarrer durfte er danach nicht antreten, obwohl von der Gemeinde gewählt und ihm 1843 *nach bestandener Prüfung pro ministerio, das Zeugniß der Anstellungsfähigkeit im Predigtamte ertheilt worden* war.

1871 war man offenbar auch in Mecklenburg wieder stolz auf den Veteran der Befreiungskriege. So erschien anlässlich seiner goldenen Hochzeit eine ehrende Zeitungsnotiz für *einen der letzten Waffengenossen Theodor Körners, dessen todeswunden Körper er mit aus dem mörderischen Gefecht bei Gadebusch getragen* habe.

Burschenschaft (aus Wikipedia, der freien Enzyklopädie)
Geschichte, Die Urburschenschaft

Die Burschenschaften entstanden nach den Befreiungskriegen gegen Napoleon, die die studentische Kultur Deutschlands entscheidend prägten. Historiker schätzen, dass etwa 20 bis 50 Prozent der Studenten an diesen Kriegen teilnahmen. Zwar konnten nur etwa fünf Prozent der Gesamtzahl der Kriegsfreiwilligen als Studenten gelten, aber keine gesellschaftliche Gruppe hatte einen so hohen Anteil an Freiwilligen. Viele Studenten hatten unter anderem im **Lützowschen Freikorps** mitgekämpft, das sich nicht nur aus preußischen Untertanen sondern aus Freiwilligen aus ganz Deutschland rekrutierte. Aus den Befreiungskriegen an die Universitäten zurückgekehrt, setzten sie sich danach in der Zeit der Restauration und des Wiener Kongresses für die Abschaffung der deutschen Kleinstaaterei und die Schaffung eines gesamtdeutschen Reiches unter einer konstitutionellen Monarchie ein.

Zur Gründung der *Urburschenschaft* kam es in Jena am 12. Juni 1815. Die damals dort bestehenden Landsmannschaften lösten ihren Senioren-Convent (SC) auf und gründeten gemeinsam die erste „Burschenschaft". Dazu zogen die Mitglieder der vier **Landsmannschaften Thuringia, Vandalia, Franconia und Curonia** zum Gasthaus *Grüne Tanne*. Dieser Ort lag außerhalb der Stadtgrenzen Jenas und war damit der Gerichtsbarkeit der Universität entzogen. Als Zeichen der Auflösung senkten dort die Landsmannschaften ihre Fahnen. Aus der Mitte der anwesenden 143 Stifter wurden 30 Amtsträger gewählt. Zum ersten Sprecher wurde Carl Horn berufen, der letzte Senior der Vandalia. Damit war die Burschenschaft ins Leben gerufen.

Die Belagerung von Torgau

Für den Capitain Friedrich Gottlieb Probsthayn war der Krieg nach dem Übergange zu den Alliierten noch nicht zu Ende. Schon am nächsten Tage, dem 19. 10. 1813, *wurden die Batterien wieder formiert, und zwar von der reitenden Brigade die 1. zu 4 Piecen. Da wie bereits erwähnt der Hauptmann Birnbaum blessiert war, so übernahm ich das Kommando dieser Batterie.*

Den 20. Oktober 1813 erging an mich von Stetten aus, woselbst der General-Major von Ryssel sein Quartier hatte, der Befehl, von Connewitz aufzubrechen … und … den Marsch über Zwenkau bis Pegau fortzusetzen … Da … mittlerweile auch wiederum Ordre von dem General-Major von Ryssel einging, für diese Nacht daselbst zu bleiben, wo mich diese Ordre treffen würde. So machte ich hierauf bei Audigast halt und bezog ein Biwak. Abends 11 Uhr erhielt ich Befehl, Tags darauf … früh 9 Uhr aufzubrechen und nach Langendorf bei Zeitz zu marschieren … Abends 10 Uhr kamen wir in Zeitz an, von wo aus die Batterie noch bis Hainichen marschierte.

Den 24. Oktober 1813, wo wir anderweitige Kantonierungsquartiere bezogen, und zwar die 1. Batterie nach Tröglitz und die 2. nach Techwitz, unweit Zeitz, verlegt wurde.

Den 27. Oktober 1813 früh 6 Uhr erfolgte der Aufbruch, und die 1. Reitende Batterie rückte mit der Brigade Ryssel Nachmittag 2 Uhr in Eilenburg ein Das Hauptquartier kam nach Püchau..

Von hier aus ging der Oberstleutnant Raabe mit dem Adjutanten Oertel und einem russischen Capitaine auf die Festung Königstein, um die Verabfolgung der nötigen Munition zu besorgen. Den 03.11.181traf der Oberstleutnant Raabe von seiner Reise nach Königstein wieder in Leipzig ein.

Den 05.11. bis 10.11.1813 ward das Büro zur Formierung der Armee beim Oberst und Intendant von Ryßel angelegt. Desgleichen traf der (russische) Generalleutnant von Thielmann ein und übernahm das Kommando des Corps.

Weiter ging es nach Langenreichenbach bei Schilda, von wo aus ich wegen kränklicher Umstände den 1. November 1813 nach Hubertusburg Urlaub erhielt, und der Sous-Leutnant von Raabe das Kommando der Batterie übernahm.

Den 5. November 1813 traf ich rekonvalesziert Vormittags 8 Uhr beim Corps ein und übernahm sogleich das Kommando der Batterie. Denselben Vormittag gegen 10 Uhr wurde Alarm geblasen und geschlagen, indem die Besatzung der Festung Torgau einen Ausfall machte. Die Stärke wurde an 3000 Mann angegeben, es war Geschütz auf zwei Punkten aufgestellt, und zwar in einer Verschanzung bei der so genannten Teichmühle, woselbst sie stets zwei Haubitzen hatten, und zwei Piecen an dem Wald nahe bei der Scharfrichterei.

Das Dorf Losswig, welches von unserer Infanterie nur schwach besetzt war, hatten sie bald genommen. Ihre größte Force ging aber auf den Wald von Beilrode hin, wo schon tirailliert wurde. Sie drangen fast bis Beckwitz vor, um unsere linke Flanke wahrscheinlich zu umgehen, wurden aber von zwei Bataillonen, welche dort operiert hatten, empfangen und mit Nachdruck zurückgewiesen. Der Herr Leutnant Raabe war mit einer Kanone an einen Graben, welcher das Holz umgab, detachiert, von wo er aus unsere Infanterie, die völlig retirierte, nicht allein unterstützte, sondern auch ein feindliches Bataillon, welches wahrscheinlich als Replik diente, und in geschlossener Kolonne den feindlichen uns immer näher kommenden Tirailleurs folgte, mit einigen wohlangebrachten Kartätschschüssen auseinander trieb und zum Rückzug nötigte. Unsere Infanterie konnte jetzt wieder vorwärts gehen, und hierauf wurde der Wald ganz vom Feinde gereinigt, der nun seinen Rückzug nach der Festung völlig wieder antrat. Während dessen war ich unter Deckung eines Detachements Ulanen auf die Höhe bei Losswig, woraus der Feind ebenfalls vertrieben war, mit zwei Kanonen vorgerückt, wo es uns bald glückte, die zwei an der Scharfrichterei platzierten feindlichen Kanonen zum Schweigen zu bringen, die nun ebenfalls mit der ganzen

Masse retirierten. Von den verschanzten Piecen an der Teichmühle wurden wir zwar sehr und vorzüglich mit Haubitzen beschossen, erlitten aber nicht den geringsten Verlust, wohl aber der Feind, der durch unser Feuer, indem er den Damm passierte, sehr viel an Toten und Verwundeten hatte. Unsere leichte Infanterie verlor an diesem Tage an Toten und Blessierten 1 Offizier und einige 40 Mann, unter den Toten namentlich den Leutnant Schollig. Nachmittags 2 Uhr rückte alles wieder in die Quartiere.

Den 6. November 1813   wurde der Posten an der Scharfrichterei unsererseits mit zwei Kanonen von der Fuß-Batterie und einem Infanterie-Bataillon besetzt und durch Verschanzungen und Verhau befestigt. Alle Truppen erhielten daselbst den Befehl, so in Bereitschaft zu sein, auf das Schnellste ausrücken zu können, im Fall uns der Feind hinderlich sein sollte, jedoch ging alles ruhig vonstatten.

Den 8. November 1813 standen früh 7 Uhr alle Truppen unter Gewehr, weil Nachricht eingegangen war, dass der Feind diesen Vormittag wieder einen Ausfall machen würde. Alles rückte auf den angewiesenen Posten und die reitende Batterie fuhr en Park bei Losswig auf. Gegen 12 Uhr aber rückte alles wieder ein, da sich vom Feinde nichts merken ließ. In der Nacht vom 8. Bis zum 9. Wurde ein Durchstich vom Großteich vollbracht, wodurch die Gegend um Losswig unter Wasser gesetzt wurde.

Den 10. November 1813 erfolgte wiederum Abends 10 Uhr Alarm. Der Ingenieur-Leutnant Horrer hatte den Auftrag von dem königlich preußischen General Graf Tauenzien, eine Schleuse zu ziehen, um dadurch dem Feind die Ausfälle auf der Losswiger Seite ganz zu verbieten. Allein noch ehe er an die Palisaden mit seiner Mannschaft gekommen war, wurde er von der feindlichen Feldwacht entdeckt, die Feuer auf ihn gab, wodurch dieses Vorhaben vereitelt wurde. Nach einigen Stunden rückten die Truppen wieder in die Quartiere.

Den 11. November 1813 bekam ich Abends 9 Uhr Ordre, Tags darauf von dem Blockade-Corps mit der Batterie abzugehen. [9, 41]

Die französische Besatzung von Torgau kapitulierte aber erst Ende Dezember 1813.

Wenn auch die Beteiligung des sächsischen Corps an der Belagerung der Festung Torgau nur wenige Tage andauerte, so war dieser Einsatz für Friedrich Gottlieb Probsthayn sicherlich besonders bedeutsam. Der Brigadier der reitenden Artillerie, Major Joh. Heinrich August von Roth, hatte auf dem Höhepunkt der Schlacht bei Leipzig seinen Posten krankheitshalber verlassen, Probsthayns dienstälterer Kamerad, der Capitain Carl Moritz Birnbaum, war verwundet und selbst der Kommandeur der gesamten Artillerie, Oberstleutnant Gustav Ludwig Ferdinand Raabe, war mit anderen Aufgaben fernab unterwegs. Jetzt war der

Chef der 2. Batterie endlich am Zuge *und übernahm sogleich das Kommando.* Dass es nun gegen die ehemaligen Verbündeten ging, ist offenbar keiner Erwähnung wert!

Mit der Nordarmee nach Flandern

Den 12.12.1813 sollte das Corps unter dem Befehl des Generalleutnant von Thielmann abmarschieren und bei Hildesheim zum Corps des Kronprinzen von Schweden stoßen. Schon war das Corps zum Abmarsch bereit, als es Befehl erhielt, stehen zu bleiben. Laut Ordre hatte der Herzog von Weimar das Kommando des Corps übernommen.

Probsthayn erwähnt diesen Wechsel an der Spitze des Corps nicht. Wahrscheinlich war der Eine bei den Sachsen so unbeliebt wie der Andere. Thielmann war zwar in sächsischen Diensten bis zum Generalleutnant aufgestiegen, hat aber schon im Frühjahr 1813 als Festungskommandant von Torgau die Fronten gewechselt und trat erst in russische und ab April 1815 in preußische Dienste. Der Herzog von Weimar, obwohl Sachse, war schon unter dem Preußenkönig Friedrich Wilhelm II preußischer General.

Für Friedrich Gottlieb Probsthayn war wahrscheinlich viel wichtiger, wie sich die Kommandostruktur in seiner Brigade reitender Artillerie entwickelte. *Den 12. Dezember 1813 erhielt ich den Befehl, das zeither gehabte Kommando der 1. reitenden Batterie dem Premier-Leutnant von Brauchitzsch zu übergeben; dagegen aber wieder die 2. Batterie zu übernehmen.... In Eisleben fand ich den Capitain Birnbaum, der die reitende Artillerie-Brigade kommandierte.*

Probsthayns dienstälterer Kamerad Birnbaum war nun bis zum Eintreffen des während der Schlacht bei Leipzig erkrankten Major von Roth am 28.04.1914 sein unmittelbarer Vorgesetzter. Beide werden aber in seinem Tagebuch nicht wieder erwähnt.

Die Marburger Adressen und das Schicksal Sachsens

Überhaupt ist es interessant, welche Ereignisse in den Tagebüchern nicht erwähnt werden, obwohl diese sicherlich die sächsischen Offiziere bewegt haben. Jede Truppenbewegung, die widrigen Witterungsverhältnisse, die Belagerung Antwerpens, alles wird detailliert beschrieben. Aber das Schicksal ihres Königs und Sachsens, von dem ja auch ihr eigenes Schicksal abhing, wird weitgehend ausgeklammert. Lediglich wird unter dem

16.04.1815 von einem Courier, der von Thielmann nach Wien geschickt worden war, über die Bedingungen des Königs für einen Kompromiss in der ‚sächsischen Frage' berichtet.

Den 31.08.1814 Marburg Sämtliche Herren Regiments Brigadekommandanten überreichten heute dem kommandierenden Herrn Generalleutnant die ihnen von den Offiziers ihrer Brigaden eingesendeten Adressen, die Wünsche aller betreffend. Über den Inhalt der Adressen wird nicht berichtet. Dabei schäumten bei den sächsischen Offizieren die Emotionen förmlich über.

Worum ging es? Bis zur Niederlage Napoleons hatten die Sachsen und die Alliierten noch einen gemeinsamen Feind. Dann kam der Wiener Kongress, auf dem zwar die besiegten Franzosen mitreden durften, aber nicht der arretierte König von Sachsen, dessen Reich unter den Siegern verteilt werden sollte. Russland wollte ein vereintes Polen mit dem vom sächsischen König regierten Großherzogtum Warschau unter seiner Oberhoheit errichten, und Preußen wollte sich als Entschädigung für verlorene Ostgebiete am liebsten das ganze Sachsen einverleiben.

Inzwischen war zwar klar, dass es so schlimm nicht kommen würde, aber als der Generalleutnant Thielmann anlässlich des Geburtstages des preußischen Königs Friedrich Wilhelm III die sächsischen Offiziere ihres dem sächsischen König geleisteten Eides für entbunden erklärte, kam es zum Eklat. Beim Vivat auf den Preußenkönig, so wird berichtet, gossen die Sachsen den Wein auf die Teller oder auf den Boden.

Der Capitain Probsthayn war zuvor in Urlaub. Die Eintragungen in seinem Tagebuch weisen in der fraglichen Zeit eine Lücke von einem Monat auf. In dem anderen Tagebuch heißt es. *Den 03.08.1814 Koblenz Beim heutigen Festschießen, welches der kommandierende Generalleutnant zur Feier des Geburtstages des Königs von Preußen angeordnet hatte, verlor der Unterkanonier Schreiner von der 1. 12-pfündigen Batterie, der das Ansetzen hatte, durch einen sich selbst entzündeten Schuss den rechten Arm.*

Schon vorher hatte es Unmut unter den Sachsen gegeben, als während ihres Kantonnements in Koblenz ein Zeitungsartikel erschien, in dem der sächsische König wegen seines Überganges von Prag der Wortbrüchigkeit beschuldigt wurde. (Im Frühjahr 1813 waren sich die österreichischen und sächsischen Unterhändler schon über ein Zusammengehen einig geworden, als der König in Prag sich doch wieder mit Napoleon verbündete.) Es kam zu Übergriffen gegen den Redakteur und Verfasser des Artikels, die Thielmann veranlassten, seine ihm unterstellten Generale des dritten deutschen Armeecorps in einem Schreiben vom 31.07.1813 zur Ordnung zu rufen.

In diesem Schreiben heißt es, *daß jeder Sachse des Eides gegen seinen König entbunden ist, und keinen anderen Souverän, als die alliierten Mächte anzuerkennen hat ...*

Die sächsischen Offiziere sahen dies wohl mehrheitlich anders. So richteten die Offiziere aller Truppenteile Adressen an ihre jeweiligen Kommandanten zur Weiterleitung auf dem Dienstwege bis zu den Verhandlungsführern in Wien, *worin Alle ihre Treue für ihren König versichern und bitten, solches den alliirten Mächten zu eröffnen..*

In der von sämtlichen Stabs- und Ober-Offizieren der Königlich Sächsischen mobilen Artillerie unterzeichneten Adresse heißt es: *Sehr viele dunkle Gerüchte haben sich seit einiger Zeit über das zukünftige Schicksal unseres Vaterlandes verbreitet, ... daß es seinen König, seinen Vater verlieren soll. Wie sehr dies jeden Patrioten ergreifen muß, bedarf keiner Erörterung. Zu Boden drücken muß es uns aber, da zugleich verlautet, die hohen Mächte hätten den Übergang der Sächsischen Truppen bei Leipzig für einen Beweis der Abtrünnigkeit von ihrem König angenommen. Ew. (Oberst-Leutnant Raabe) kennen unsere Gesinnungen, und wissen, daß wir diesen Schritt mit ihnen nur darum thaten, um eben unsern König und unser Vaterland zu retten, und beide in Verbindung der übrigen Mächte von dem Joch des allgemeinen Feindes befreien zu helfen.*

Diese Adressen wurden von dem Minister v. Stein und von dem Fürsten Repnin höchlich gemißbilligt. und letzterer schrieb an Thielmann: .... *als Generaladjutant Sr. Maj. des Kaisers aller Reußen, gebe ich Ew.ec. in Folge erhaltener offizieller Veranlassung das Mißfallen und die Mißbilligung meines allergnädigsten Herrn über das Betragen der sächsischen Offiziere zu erkennen, und ersuche Ew. ec. hierdurch, den unter Dero unmittelbarem Kommando stehenden Generals, Regiments- und Korps-Chefs die allerhöchste Mißbilligung bekannt zu machen und ihnen anzudeuten, daß ....Unbotmäßigkeit Konsequenzen haben werde.* Der Generalleutnant v. Lecoq und der Oberst v. Zeschwiz sollten als vermeintliche Anstifter sofort in Torgau bzw. Wittenberg unter Arrest gestellt werden.

Alle Offiziere hatten die Adressen unterschrieben, also auch Friedrich Gottlieb Probsthayn. In seinem Tagebuch gibt es dazu nur folgenden Eintrag: ... *den 15. September 1814 passierten wir Montabaur, gingen bei Koblenz über den Rhein und bezogen eine Kantonierung in Kärlich, zwischen Koblenz und Andernach. In den Nachmittagsstunden versammelten sich die sächsischen Herrn Offiziere bei dem königlich preußischen General von Müffling wegen der zu Marburg eingereichten Adressen.*

Zwei Wochen später enden die Eintragungen in Probsthayns Tagebuch, aber in den anderen Tagebuchfragmenten geht es noch etwas weiter.

Den 22.02.1815 Köln

erhielt der Oberst Raabe mittels Ordre vom kommandierenden Generalleutnant von Thielmann die Bekanntmachung, dass das Schicksal Sachsens auf dem Kongress zu Wien entschieden sei, und dass der durch eine Linie über Seidenberg, Wittichenau, Ortrand, Groebela, Mühlberg, Eilenburg, Schkeuditz, Lützen, Markranstaedt und Lucka abgeschnittene Teil mit Inbegriff des Stiftes Zeitz, des Neustädter Kreises und der sächsischen Enklaven im Preußischen, Preußen einverleibt worden sei. Der kommandierende General äußerte mündlich, die Unterschriften selbst gesehen zu haben, und forderte in seiner Ordre die Herren Kommandanten auf, die aufgereizten Gemüter zu beruhigen und jedem (vorzüglich jungen Offiziers) die Frage für ihre Existenz ans Herz zu legen, da seine Majestät der König von Sachsen nicht alle in seinem Dienste behalten könnte, in preußischen Diensten aber jeder nach seiner Ancienneté angestellt werden sollte. Sämtliche Offiziers sollten sich daher entschließen, ob sie preußische Dienste nehmen den sächsischen behalten wollten, und solches anzeigen.

Den 25.02.1815 Köln

In Betracht dessen bereiste der Oberst Raabe in diesen Tagen die Artilleriebrigaden, um die Entschließungen der Offiziers zu erfahren.

Am 30.04.1815 enden auch die Aufzeichnungen in dem Tagebuchfragment. Die Teilung der sächsischen Truppen wurde erst am 16.06.1815 von dem königlichen Kommissar General v. Lecoq vollzogen, nachdem dieser aus der Haft entlassen worden war.

Für welche Seite sich die sächsischen Offiziere entschieden haben ergibt sich aber aus ihrer weiteren militärischen Karriere. 1817 ist Oberst Gust. Ludwig Ferd. Raabe weiterhin Kommandant des sächsischen Artillerie Corps und der Major Joh. Heinrich Aug. v. Roth Brigadier der reitenden Artillerie. Carl Moritz Birnbaum wurde am 15.07.1815 zum Major befördert und starb am 04.06.1831 in Radeburg als Kommandant der Brigade reitender Artillerie. (Am 07.07.1814 war er bei der Revue des russischen Kaisers Alexander I. in Koblenz mit dem St. Wladimir Orden 4. Cl. mit Schleife ausgezeichnet worden.) August Friedrich Schumann ist zum Premierleutnant aufgestiegen und auch die Sousleutnants Ludw. Ernst Gr. Vitzthum v. Eckstädt und Carl Fr. Ghelf Hoffmann v. Altenfels sind noch zusammen mit Friedrich Gottlieb Probsthayn bei der reitenden Artillerie.

Bemerkungen des Capt. Friedrich Gottlieb Probsthayn

Das Tagebuch F. G. Probsthayns schließt mit einer allgemeinen kritischen Stellungnahme vom 25.12.1814:

Wie nun das Tagebuch, eines bei den meisten Affairen in Aktion stehenden Artillerie-Offizieren durchaus nicht von der weiten Übersicht und deutlichen : Umfange sein kann, als das eines ruhigen Beobachters, welcher vielleicht auf dem festen Posten steht, wo er von den Bewegungen und Unternehmungen aller Waffen-gattungen hinlänglich in Kenntnis gesetzt wird, bedarf wohl keiner Erwähnung.

Übrigens hat der Kommandant einer untergeordneten Partei zu viel mit selbigen selbst Beschäftigungen, um auch andere Nebenumstände gehörig reflektieren zu können; auch befindet man sich nur allzu häufig in der Lage, wo man über den Zweck. über die Umstände und über eine Menge anderer Dinge, welche ein Unternehmen in Kampagne veranlassen, hinlänglich berichtigt zu werden, und also das Urteil hierüber alsdann bei so bewandeten Umständen sehr leicht einseitig oder wohl gar schief ausfallen würde.

Schließlich erlaube ich mir noch, über unsere neue Artillerie einige Bemerkungen zu machen.

Es folgen sieben wohlbegründete Verbesserungsvorschläge für die Kanonen und Fahrzeuge. Bei aller Bescheidenheit, die er einleitend bekundet, weiß er doch in praktischen Dingen alles besser als seine Vorgesetzten.

Heimat und Familie

Den 14.06.1814 Aachen erhielten der Capitaine Probsthayn und der Premier-Leutnant Schumann 14 Tage Urlaub nach Antwerpen.

Den 13. Juni 1814 übergab ich dem Sous-Leutnant Hoffmann von Altenfels das Kommando der Batterie, in dem ich mit dem Premier-Leutnant Schumann vom 14. bis 27. ejus(dem mensis (?)) Urlaub hatte.

Den 01.07.1814 Koblenz Der Capitaine Probsthayn und der Premier-Leutnant Schumann trafen heute vom gehabten Urlaub nach Antwerpen wieder ein.

Die Offiziere bekamen nach dem Sieg über Napoleon nacheinander Urlaub. Alle gingen nach Sachsen, nur Probsthayn und Schumann nicht. Offenbar wartete in der Heimat niemand auf sie. Vielleicht war die Artillerie ihre Heimat und die Batterie ihre Familie.

In Moritzburg hinterlassene Spuren

Die Familie in Moritzburg tritt später noch einmal unter dem 04.06.1820 in einer Traueranzeige zum Tode des Fasanenwärters und Bettmeister *bey dem Königl. Sächs. Schlosse Moritzburg* in Erscheinung. Witwe, Söhne, Tochter, Schwiegersohn und Schwiegertöchter und Enkel nehmen Abschied: [13]

> *Nach einem harten Lebenskampfe endete am 30. May n. c. unser verehrter Gatte, Vater, Schwieger- und Großvater, Herr August Sigismund Probsthayn, 48 Jahre lang wohlbestallt gewesener Fasanenwärters und seit 1789zugleich Bettmeister bey dem Königl. Sächs. Schlosse Moritzburg, die mühevolle Laufbahn diese wechselnden Lebens, im angetretenen 78sten Jahre. Anstrengungen, Sorgen und Alter hatten seine Kräfte dergestalt erschöpft, daß der Tod ihm Wohlthat ward, so herzlich wir ihn noch länger in unsrer Mitte zu haben gewünscht hätten. Indem wir seinen hohen Gönnen, vielen Verwandten und Freunden, seine Vollendung bekannt machen, bitten wir ehrfurchtsvoll und gehorsamst die Gnade, Güte und Freundschaft, welcher sich der Entschlafene eine so lange Reihe von Jahren hindurch zu erfreuen hatte, auch auf uns seine Hinterlaßnen übergehen zu lassen. Moritzburg, den 4. Juny 1820*

Witwe: Johanna Eleonora geb. Plantin 1753-1832

Söhne: Friedrich Gottlieb 1778-1839, Capitain der
reitenden Artillerie in Radeber
Immanuel Wilhelm 1781+>1858, Oberförster
in Pratau
Sigismund Magnus 1782-1857, Oberförster
in Moritzburg
Gotthelf Majus 1788-1838 Bereiter am
königl. Stalle in Dresden

Tochter; Marie Caroline 1785-1836

Schwiegersohn: Johann Heinrich Hübler, königl.
Hofgärtner in Moritzburg, verw. Johanna
Eleonora + 1811

Schiegertöchter: Antonia geb. Köberlin 1792-1847,
verw. Clemens August + 1813
Johanne verw. Püschel, verehel. Sigismund Magnus

Enkel: Klemens *1812, Sohn von Clemens August+
Antonia,Tochter von Johanna Eleonora und
Johann Heinrich Hübler

Wenn auch die Namenslinie Probsthayn vermutlich mit Klemens, dem Sohn des Husaren-Majors Clemens August, und Louis Wilhelm, dem Sohn des Oberförsters Immanuel Wilhelm, endet, so hat die Familie des Bettmeisters Probsthayn auch abseits der kriegerischen Auseinandersetzungen Spuren hinterlassen.

In einem1804 erschienenen Buche wird von einer Führung durch das Schloss Moritzburg berichtet: *Herr Probsthayn, der Bettmeister, zeigt uns darin 7 große Säle und gegen 200 Zimmer.* Der Bettmeister war wohl etwas Ähnliches wie ein Kastellan oder Burgvoigt.

Der von Graf Camillo Marcolini geplante Fasanengarten im Park von Moritzburg ist unter Mitwirkung August Sigismunds gestaltet worden, der seit 1772 dort Fasanenwärter war. Insbesondere *die Initialen des kurfürstlichen Paares in Form von AFA (**A**malie – **F**riedrich **A**ugust) waren im Jahre 1780 vom Fasanen-Garten-Inspektor Probsthain und dem Hofgärtner Mäser angepflanzt worden.* [14]

‚Die Gartenlaube – Illustrirtes Familienblatt' war in der zweiten Hälfte des neunzehnten Jahrhunderts ein weit verbreitete und beliebte Zeitschrift. In der Artikel-Serie mit dem Titel ‚Wild-, Wald- und Waidmannsbilder' kommt der alte Oberförster Probsthain in Moritzburg in zwei Folgen zu Wort, 1873 ‚Tappfuß' [15] und 1874 ‚Eine Hundegeschichte' [16]. Die Geschichten spielen zwischen 1828 und 1844 in Moritzburg, als Sigismund Magnus etwa 60 Jahre alt war. Der Autor Guido Hammer (1821-1898) nennt ihn einen *originellen Grünrock*, den die Gicht plagt, der aber seinen Humor bewahrt hat. In der Hundegeschichte schreibt Hammer über eine Szene nach einer missglückten Jagd, dass *mein alter Waidgeselle darüber vor Lachen sich kaum zu fassen wußte und ihm dabei geradezu die Thränen an den wie von braunem Aufschlagstiefelleder überfalteten Wangen in den weiß und fuchsroth melirten starren Schnurrbart herabliefen! Dazu stampfte der so mächtig Erheiterte mit seiner Hirschhornkrücke in den Boden, als wollte er damit ein Loch durch die Erde arbeiten.*

Aus Feinden werden Freunde

Goethe schrieb: *Ein echter Deutscher mag keinen Franzmann leiden ...* Das passte durchaus in die damalige Zeit. Besonders bei den Preußen saß der Groll über die unter Napoleon erlittenen Kränkungen und Drangsale tief. Revanche bestimmte noch anderthalb Jahrhunderte die deutsch-französische und damit auch die europäische Geschichte. Dabei spielten Inszenierungen der jeweiligen Sieger emotional eine große Rolle. Der Verlierer sollte bewusst gedemütigt werden. Napoleon zog 1806 in Berlin durch das Brandenburger Tor, Hitler 1940 in Paris durch den Arc de triomphe. In Versailles wird 1871 der Deutsche Kaiser proklamiert und 1919 dem Deutschen Reich die alleinige Schuld am ersten Weltkrieg zugeschoben.

Darum grenzt es fast an ein Wunder, dass nach dem Ende des zweiten Weltkrieges gerade von Frankreich erste Impulse zur Überwindung der Erbfeindschaft ausgingen (Schuman-Plan 1950, Montanunion). Noch weiter waren die Ziele der Studenten aus sieben Ländern gesteckt, als sie im August 1950 Schlagbäume an der deutsch-französischen Grenze niederrissen, ein Europa ohne Grenzen! Schließlich reichten sich 1984 der französische Staatspräsident Mitterand und der deutsche Bundeskanzler Kohl über den Gräbern von Verdun die Hände.

Symbolträchtig sollte 2009 auch der Spaziergang der höchsten Repräsentanten der NATO-Staaten auf der Fußgängerbrücke über den Rhein wirken. Verbindet sie doch ohne Schranken das deutsche Baden mit dem französischen Elsass, um dessen Besitz jahrhundertelang blutig gestritten worden war. Sie ist ein Symbol der europäischen Einigung: "La Passerelle de deux Rives", die "Brücke der zwei Ufer".

So weit, so gut. Nur die NATO passt nicht ins Bild. Deren Mitglieder verbindet lediglich ein gemeinsamer Feind, während doch für Europa ein Wertekonsens im Vordergrund stehen sollte.

Heute regt sich allerorten wieder gefährlicher Nationalismus. Vor zweihundert Jahren war das aufkeimende Nationalbewusstsein durchaus eine gestaltende Kraft zur Überwindung von Kleinstaaterei und Partikularismus. Heute sind die nationalistischen Bestrebungen rückwärtsgewandt. Hoffentlich bleibt die Idee eines einigen Europas siegreich.

Französische und deutsche Studenten reißen Schlagbäume nieder (August 1950)

"La Passerelle de deux Rives", die "Brücke der zwei Ufer".
Von Matthias Süßen - Eigenes Werk, CC BY-SA 4.0,
https://commons.wikimedia.org/w/index.php?curid=77599806

NATO-Gipfel 2009

https://rp-online.de/politik/ausland/nato-treffen-auf-der-europabruecke_bid-11911097

Quellenverzeichnis

	Dan Ch. Christensen: Hans Christian Ørsted – Reading Nature's Mind, Oxford University Press 2013
1	https://cronberg-ipsen.dk/Familie_D_3.html
2	J. M. Thiele: Den danske Billedhugger Bertel Thorvaldsen og hans Værker, Pas Forfatterns Forlag i Thiele Bogtrykkeie 1831
3	G. K. Nagler: Neues allgemeines Künstler-L4exicon, München, 1948
4	https://arkivet.thorvaldsensmuseum.dk › people › carl-probsthayn
5	https://arkivet.thorvaldsensmuseum.dk › people › probsthayn-sophie
6	M. von Süßmilch, gen Hörnig, Geschichte des 2. Königl. Sächs. Husaren-Regiments, Leipzig 1882
7	Stamm- und Ranglisten der Königl. Sächs. Armee auf das Jahr 1803, 1806, 1810, 1812, 1813, 1839
8	Hauptstaatsarchiv Dresden

Signatur   Bestandsname   Akten-Nr.
   Stichwort
11321   Generalkriegsgericht
   12980/13912   Mobiliarnachlass
11326   Kriegsger. Infantrieform.   1110
   Versteigerung der Pferde
11328   Kriegsger. Kavallerieform.   900
   Misshandlung eines Kindes
11330   Kriegsger. Artillerieform.   269
   Feldmobiliarnachlass
11372   Miitärgesch. Sammlung   093
   Tagebuch Campagne
11372   „   „   092
   Tageeb. Kap. Probsthayn

9	Von Funck, Erinnerungen aus dem Feldzuge des sächsischen Corps, unter dem Genral Grafen Reynier, im Jahr 1812, Dresden 1829

10	Moritz Exner, Der Antheil der Königlich Sächsischen Armee am Feldzuge gegen Rußland 1812, Leipzig 1896
11	F. W. Winkler, Bemerkungen über den Feldzug gegen Rußland in den Jahren 1812 und 1813
12	Leipziger Zeitung 1820, S. 1440 Familien-Nachrichten
13	Tina Trompler: Der Moritzburger Fasanengarten, Magisterarbeit <TU Dresden 2011
14	Guido Hammer: Wild-, Wald- und Waidmannsbilder Nr. 38 Tappfuß, Die Gartenlaube 1873 Heft 39, S. 633-636
15	Guido Hammer: Wild-, Wald- und Waidmannsbilder Nr. 40 Eine Hundegeschichte, Die Gartenlaube 1874 Heeft35, S. 559-562
16	Friedrich Moßdorf: Landesgouvernements-Verfügungen für das Königreich Sachsen. Dresdeen 1824
17	Ulrich Völkel: Adler mit gebrochenem Flügel – Roman um Ernst Moritz Arndt, Berlin 1987
18	Harald Schieckel: Der Banner der freiwilligen Sachsen 1813, Archivmitteilungen V. Jahrgang 1955 Heft 1, S. 1-7
19	Goebel: Zwei Ritter der Ehrenlegion, Radeberg 1906
20	Ehrendenkmal dem Herrn Friedrich Gottlieb Probsthayn; Druck C.S.Krausche Camenz
21	August Kummer: Erinnerungen aus dem Leben eines Veteranen der Königlich Sächsischen Armee, Dresden, Druck und Verlag von C. C. Meinhold & Söhne
22	Ph. J. Madler: Die Sachsengräber in Miltenberg und Kleinheubach, Gottlob Volkhardt'sche Druckerei, Miltenberg 1913
23	Goethe – Begegnungen und Gespräche 1811-1812, S. 46
24	Sigfried H. Steinberg, Leipzig: Der Banner der freiwilligen Sachseni, Familiengeschichtliche Blätter Bd. 29 Heft7/8, 289-290, 1931
25	Jörg Titze: Der Übergang der Sachsen am 18.10.1813, Beitr. sächs. Militärgesch. 1793-1813, No. 1
26	Jörg Titze: Die Geschichte der reitenden Artillerie 1810-1813, Beitr. sächs. Militärgesch. 1793-1813, No. 8
27	Konrad Probsthain & Jörg Titze: Friedrich Gottlieb Probsthayn – Das Tagebuch vom 14.05.1813 bis 29.09.1814, Beitr. sächs. Militärgesch. 1793-1813, No. 41

28 Übergang der Sachsen am 18.10.1813 [Archiv]– Diskussionsforum von Napoleon Online, http://www.forum.napoleon-online.de/archive/index.php/t-2793.html

29 Konrad Probsthain: Soldbuch statt Schulbuch – Kriegserinnerungen eines Antihelden, BoD 2017, ISBN-10: 3746000475

Anhang 1

Clemens August Probsthayn - Lebensdaten und militärische Laufbahn

30.06.1776 * in Moritzburg, V.: August Sigismund Probsthayn, hochgräfl Fasanenwärter M.: Johanna Eleonora, geb. Plantin

19.01.1799 Souslieutnant (1803 VIII. Escadron in Gebesee)

05.06.1809 Rittmeister 2ter Klasse (Rückte am 1. Juni zum Premierlieutnant auf und wurde unter dem 28. August vom Stabe zur 2. Escadron versetzt. 1811 in Kölleda stationiert)

28.07.1812 Major (bereits Chef der 6. Escadron)

1812 Königlich sächsischer Militär-Sanct-Heinrichs-Orden

09.03.1813 + in Dresden an Nervenfieber

Feldzüge: In den J. 1793, 1794, 1795 und 1796 focht das Husarenregiment bei dem Reichscontingente am Rheine. 1805 befand sich 1 Batallion zu Sicherstellung der Landesgrenzen bei dem mobil gemachten Truppencorps; und im Feldzuge vom Jahre 1806 das ganze Regiment (bisher gegen Napoleon). In Vereinigung mit der Kais. K. Französischen großen Armee (nunmehr mit Napoleon) , machte es die Campagne vom Jahre 1807 mit; befand sich, gleichwie das ganze Königl. Sächs. Corps, bei der Belagerung und Eroberung von Danzig; focht hierauf in den Affairen von Heilsberg, Dommau und in der Schlacht von Friedland mit ausgezeichneter Tapferkeit. 1809 machte es abermals den Feldzug im Sächs. Corps bei der K. K. großen Armee an der Donau mit. Clemens August Probsthayn nahm nachweisbar an dem ganzen Russlandfeldzug 1812/1813 Teil, wahrscheinlich aber auch an den vorhergehenden Feldzügen.

Friedrich Gottlieb Probsthayn - Militärische Laufbahn

00.00.1795 ?	?
18.04.1800	Stückjunker
08.01.1806	Sous-Lieutnant
18.10.1810	Premier-Lieutnant
18.03.1813	Capitaine II. Cl.
00.00.1819	Capitaine I. Cl.
01.12.1825	char. Major
00.06.1836	Brigadier (ad interim)
00.00.1839	ausgeschieden

Anhang 2

Nachfahrenliste Namenslinie Probsthayn, Arzberg – Dresden – Moritzburg - ...

1. 1 **Probsthayn**, Hanß, Hüfner u.Gerichtsschöppe † vor 1687
∞

| 2. 1 **Probsthahn**, Martin, Bürger u. Jagdwagner * 24.11.1652
Arzberg † 18.09.1728 Dresden
| ∞ 21.06.1719 Dresden
| , Verw.Mautzen, Magdalene

| 2. 1 **Probsthahn**, Martin, Bürger u. Jagdwagner * 24.11.1652
Arzberg † 18.09.1728 Dresden
| ∞ 1683
| , Verehel Martin Probsthahn, Sophia † 07.08.1692 Dresden

| | 3. 1 **Probsthahn**, Maria Sophia * 02.03.1684 † 02.04.1684 Dresden
| | 3. 2 **Probsthahn**, Johann Christian ≈ 02.03.1685 Dresden † 30.03.1685 Dresden
| | 3. 3 **Probsthahn**, Sophia ≈ 23.05.1686 Dresden † 07.08.1690 Dresden
| | 3. 4 **Probsthahn**, Maria ≈ 30.09.1688 Dresden † 10.08.1690 Dresden
| | 3. 5 **Probsthahn**, Johann Paul ≈ 31.05.1691 Dresden † 20.06.1691 Dresden

| 2. 1 **Probsthahn**, Martin, Bürger u. Jagdwagner * 24.11.1652
Arzberg † 18.09.1728 Dresden
| ∞ nach 1692
| **Probsthahn**, 2. Ehefrau Jagdwagner Martin P.

| | 3. 6 **Probsthahn**, Johann Michael ≈ 10.04.1696 Dresden † 21.04.1696 Dresden
| | 3. 7 **Probsthahn**, Johann Gottlob ≈ 03.04.1698 Dresden † 20.05.1698 Dresden

| | 3. 8 **Probsthahn**, Adam Gotthelff, Königl. Hegereuther ≈ 12.06.1699 Dresden † vor 1775 Pillnitz
| | ∞

| | | 4. 1 **Probsthayn**, August Sigismund, Bettmeister

u.Fasanenwärter * err. 06.04.1743 Pillnitz † 30.05.1820 Moritzburg
| | | ∞ 20.09.1775 Reichenberg
| | | **Plantin**, Johanna Eleonora * err. 00.02.1753 Eisenberg † 20.04.1832 Moritzburg

| | | | 5. 1 **Probsthayn**, **Clemens August**, Major, Offizier * 30.06.1776 Moritzburg † 09.03.1813 Dresden
| | | | ∞
| | | | **Köberlin**, Antonia * err. 1792 † 06.12.1847 Dresden

| | | | | 6. 1 **Probsthain**, Oskar * 13.03.1811 Kölleda † vor 1812
| | | | | 6. 2 **Probsthayn**, Klemens, Actuar * um 11.10.1812 Plauen

| | | | 5. 1 **Probsthayn**, **Clemens August**, Major, Offizier * 30.06.1776 Moritzburg † 09.03.1813 Dresden
| | | | ∞
| | | | **Meerhof**, Charlotte Dorothea

| | | | | 6. 3 **Probsthayn**, Carl Heinrich * 15.10.1806 Dresden † 03.11.1806 Dresden

| | | | 5. 2 **Probsthayn**, Carl Friedrich, Königl.Sächs.Verwalter Fasanengarten, Verwalter * 27.07.1777 Moritzburg † 04.06.1808 Moritzburg
| | | | 5. 3 **Probsthayn**, **Friedrich Gottlieb**, Major, Offizier * 13.12.1778 Moritzburg † 07.11.1839 Radeberg
| | | | 5. 4 **Probsthayn**, Sigismund Gustav * 17.11.1779 Moritzburg † 05.12.1779 Moritzburg

| | | | 5. 5 **Probsthayn**, **Immanuel Wilhelm**, Oberförster * 13.04.1781 Moritzburg † nach 1858
| | | | ∞

| | | | | 6. 4 **Probsthayn**, Louis Wilhelm, Förster * 27.08.1831
| | | | | ∞ 07.09.1858 Berlin
| | | | | **Hahn**, Anna Eva Mathilde * 22.08.1838

| | | | 5. 6 **Probsthayn**, Sigismund Magnus, Königl.Sächs.Oberförster, Förster * 27.09.1782 Moritzburg † 24.01.1857 Moritzburg
| | | | ∞ 03.03.1838 Moritzburg
| | | | , Verw. Püschel, Johanne † nach 1857

| | | | 5. 7 **Probsthayn**, Johanna Eleonora * 30.11.1783

Moritzburg † 21.11.1811 Moritzburg
| | | | ∞ 02.11.1807 Moritzburg
| | | | **Hübler**, Johann Heinrich, Königl.Hofgärtner, Gärtner † nach 1811

| | | | 5. 8 **Probsthayn**, Marie Caroline * 02.02.1785 Moritzburg † 09.09.1836 Moritzburg
| | | | 5. 9 **Probsthayn**, Adam Gotthelf * 06.05.1786 Moritzburg † 29.02.1788 Moritzburg
| | | | 5. 10 **Probsthayn**, Henrietta Tugendreich * 02.05.1787 Moritzburg † 07.08.1787 Moritzburg
| | | | 5. 11 **Probsthayn**, Gotthelf Majus, Bereiter * 02.05.1788 Moritzburg † 13.08.1838 Dresden
| | | | 5. 12 **Probsthayn**, Ferdinand Ludewig * 21.04.1789 Moritzburg † 15.05.1790 Moritzburg

| | 3. 9 **Probsthahn**, Johann Martin ≈ 23.07.1701 Dresden
| | 3. 10 **Probsthahn**, Christian Gottlieb ≈ 17.10.1702 Dresden

| | 3. 11 **Probsthahn**, Daniel Carol, Königl. Jagdwagner ≈ 03.01.1704 Dresden
| | ∞ 24.04.1730 Dresden
| | **Neumann**, Elisabeth

| | | 4. 2 **Probsthahn**, Johann Gottlob † 29.09.1731 Dresden

| | | 4. 3 **Probsthayn**, Christian Gottlob, Schuhmacher * 12.11.1730 Dresden
| | | ∞ 07.10.1786 Dresden
| | | **Weber**, Dorothea Elisabeth Christiane * err. 1749 † 05.02.1787 Dresden

| | | | 5. 13 **Probsthan**, Johann Gottlieb * 17.10.1781 Dresden
| | | | 5. 14 **Probsthan**, Christian Gottlob * err. 1782 † 05.07.1785 Dresden
| | | | 5. 15 **Probsthan**, Carl Gottlob * err. 00.03.1785 † 11.01.1786 Dresden
| | | | 5. 16 **Probsthayn**, Friedrich Traugott * 23.01.1787 Dresden † 05.02.1787 Dresden
| | | | 5. 17 **Probsthayn**, Johann Wilhelm (Christian) * 24.01.1787 Dresden † 08.02.1787 Dresden

| | | 4. 4 **Probsthahn**, Johann Gottfried * 20.08.1733 Dresden † 07.07.1734 Dresden
| | | 4. 5 **Probsthahn**, Adam Gottlieb ≈ 12.09.1735 Dresden   -> Kopenhagen ?

| | | 4. 6 **Propsthäge**, Maria Elisabeth * 1737 Dresden † 15.06.1742 Dresden

| | 3. 12 **Probsthahn**, Friedrich Gottlieb ≈ 11.06.1705 Dresden
| | ∞ 07.07.1732 Dresden
| | **Dirz**, Heyne, Sophia Elisabeth

| | | 4. 7 **Probsthayn**, Friederike † 06.07.1734 Dresden
| | | 4. 8 **Probsthayn**, Friedrich Benjamin * 08.08.1733 Dresden † 19.10.1733 Dresden

| | 3. 13 **Probsthahn**, Carol Heinrich ≈ 04.10.1707 Dresden † 23.04.1711 Dresden
| | 3. 14 **Probsthahn**, Johann Ernst ≈ 14.10.1709 Dresden † 16.10.1709 Dresden

| 2. 2 **Probsthahn**, Johann, Jagdzeugschneider * err. 30.11.1654 Kaucklitz † 17.03.1738 Dresden
| ∞ vor 1695

| | 3. 15 **Probsthahn**, Johann Carol ≈ 30.01.1695 Dresden † 17.05.1696 Dresden
| | 3. 16 **Probsthahn**, Johann Andreas ≈ 14.08.1696 Dresden
| | 3. 17 **Probsthahn**, Johann Carol ≈ 04.12.1697 Dresden † 14.12.1697 Dresden

| | 3. 18 **Probsthahn**, Johann George, Jagdschneider
| | ∞

| | | 4. 9 **Probsthahn**, George Friedrich * 00.10.1726 Dresden

| | | 4. 10 **Probsthan**, Joh. George, Jagdzeugschneider (Mahler) * 02.03.1730 Dresden † 10.03.1789 Dresden
| | | ∞

| | | | 5. 18 **Probsthahn**, Johann Andreas * 08.03.1750 Dresden
| | | | 5. 19 **Probsthahn**, Adam Gotthelf * 18.06.1752 Dresden
| | | | 5. 20 **Probsthahn**, George Ehrenfried * 15.07.1753 Dresden
| | | | 5. 21 **Probsthayn**, Friedrich August * 17.05.1779 Dresden

| | | 4. 11 **Probsthahn**, Anna Dorothea * 1732 Dresden
| | | 4. 12 **Probsthahn**, Johann Gottfried * um 1734 Dresden
| | | 4. 13 **Probsthahn**, Johanna Christina * 14.10.1742 Dresden

| | 3. 19 **Probsthahn**, Andreas Heinrich † 05.09.1696 Dresden

| 2. 3 **Probsthayn**, Christoph, Seifensiedermeister * 12.10.1656 Kaucklitz
| ⚭ 11.01.1687 Torgau
| **Jochem**, Regina Elisabeth

| 2. 4 **Probsthayn**, Marie * 11.10.1658 Kaucklitz

Anhang 3

Familienbogen Probsthayn/Plantin, Moritzburg

Ehemann: **Probsthayn**, August Sigismund, Bettmeister

---

u.Fasanenwärter
   * err. 06.04.1743   Pillnitz, , Sachsen, Deutschland,

    Quelle: Kirchenb. Bärnsdorf-(Moritzburg)
   † 30.05.1820   Moritzburg,   , Sachsen, Deutschland,

    Quelle: Kirchenb. Bärnsdorf-(Moritzburg)

   Vater: **Probsthahn,** Adam Gotthelff, Königl. Hegereuther
  ⚭

Heirat:
   ⚭ 20.09.1775 ev Reichenberg, OT Moritzburg, Sachsen, Deutschland,
   Quelle: Kirchenb. Bärnsdorf-(Moritzburg)
 Ehefrau: **Plantin,** Johanna Eleonora

* err. 00.02.1753	Eisenberg, OT Moritzburg, Sachsen, Deutschland,
† 20.04.1832	Moritzburg, , Sachsen, Deutschland,

Quelle: Kirchenb. Bärnsdorf-(Moritzburg)
Kinder:

---

1) Probsthayn, Clemens August, Major, Offizier

* 30.06.1776	Moritzburg, , Sachsen, Deutschland,

Quelle: Kirchenb. Bärnsdorf-(Moritzburg)

≈ 02.07.1776 ev	Moritzburg, , Sachsen, Deutschland,

Quelle: Kirchenb. Bärnsdorf-(Moritzburg)

† 09.03.1813 Nervenfieber	Dresden, , Sachsen, Deutschland,
⌑ 10.03.1813 Johanniskirchhof	Dresden, , Sachsen, Deutschland,

Quelle: Ancestry
Schaffelgaße No: 188. auf dem Johannisfriedhofe
49. Probsthayn, Clemens August, Cornet, 1799 Souslieutenant, 1805 Premierlieutenant, 1809 Rittmeister, 28. Juli 1812 Major, + 9. März 1813 am Nervenfieber in Dresden.
1) ∞
Köberlin, Antonia   *er
2) ∞
Meerhof, Charlotte Dorothea

---

2) Probsthayn, Carl Friedrich, Königl.Sächs.Verwalter

Fasanengarten, Verwalter

* 27.07.1777	Moritzburg, , Sachsen, Deutschland,

Quelle: Kirchenb. Bärnsdorf-(Moritzburg)
Taufe angeblich am 23.07.1777, also vier Tage vor der Geburt!

† 04.06.1808	Moritzburg, , Sachsen, Deutschland,

Quelle: Kirchenb. Bärnsdorf-(Moritzburg)

3) **Probsthayn, Friedrich Gottlieb**, Major, Offizier
* 13.12.1778   Moritzburg,   ,
                                                Sachsen,
                                                Deutschland,
Quelle: Kirchenb. Bärnsdorf-(Moritzburg)
≈ 16.12.1778 ev   Moritzburg,   ,
                                                Sachsen,
                                                Deutschland,
Quelle: Kirchenb. Bärnsdorf-(Moritzburg)
† 07.11.1839   Radeberg,   Bei
                                                Dresden,   Sachsen,
                                                Deutschland,
Grabdenkmal auf dem Friedhof in Radeberg
Historische Adressbücher Dresden 1702 – 1943-44

Probsthayn	Ant.	Maj.W.	Nst.Klosterg.7 3Tr
Nst. Borng.1	1Tr	1841-1848	
1845			

4) **Probsthayn,** Sigismund Gustav
* 17.11.1779   Moritzburg,   ,
                                                Sachsen,
                                                Deutschland,
Quelle: Kirchenb. Bärnsdorf-(Moritzburg)
† 05.12.1779   Moritzburg,   ,
                                                Sachsen,
                                                Deutschland,
Quelle: Kirchenb. Bärnsdorf-(Moritzburg)

5) **Probsthayn, Immanuel Wilhelm**, Oberförster
* 13.04.1781   Moritzburg,   ,
                                                Sachsen,
                                                Deutschland,
Quelle: Kirchenb. Bärnsdorf-(Moritzburg)
≈ 16.04.1781 ev   Moritzburg,   ,
                                                Sachsen,
                                                Deutschland,
Quelle: Kirchenb. Bärnsdorf-(Moritzburg)
† nach 1858
Quelle: Ancestry
Der Banner der freiwilligwn Sachsen, Sigfrid H. Steinberg, Leipzig:

2531 Probsthahn, Wilhelm, Moritzdorf, Oberförster-Adjunkt 30 (Jahre) 25.XII.(1813 gemeldet)

7.II.14 wegen Unentbehrlichkeit entlassen.

Ein Revierförster Probsthayn ist 1835-1840 im Stolpener Revierbuch bezeugt. 'Das Forsthaus von Seeligstadt'
∞

---

6) **Probsthayn**, Sigismund Magnus, Königl.Sächs.Oberförster, Förster

* 27.09.1782	Moritzburg, , Sachsen, Deutschland,

Quelle: Kirchenb. Bärnsdorf-(Moritzburg)

≈ 30.09.1782 ev	Moritzburg, , Sachsen, Deutschland,

Quelle: Kirchenb. Bärnsdorf-(Moritzburg)

† 24.01.1857	Moritzburg, , Sachsen, Deutschland,

Quelle: Kirchenb. Bärnsdorf-(Moritzburg)

Ein Oberförster Probsthain ist Protagonist in zwei Geschichten, die 1873/74 in der 'Gartenlaube' abgedruckt worden sind. Sie spielen nach den erwähnten historischen Persönlichkeiten um 1850.

1817/1818 ist Sigismund Magnus als Nachfolger des Försters Wilhelm Heinrich Rüling aus Kleingießhübel (sö. Königstein) erwähnt.
∞ 03.03.1838   Moritzburg, , Sachsen, Deutschland,
, Verw. Püschel, Johanne

---

7) **Probsthayn**, Johanna Eleonora

* 30.11.1783	Moritzburg, , Sachsen, Deutschland,

Quelle: Kirchenb. Bärnsdorf-(Moritzburg)

≈ 02.12.1783 ev	Moritzburg, , Sachsen, Deutschland,

Quelle: Kirchenb. Bärnsdorf-(Moritzburg)

† 21.11.1811	Moritzburg, , Sachsen, Deutschland,

Quelle: Kirchenb. Bärnsdorf-(Moritzburg)
Nachlassregulierung von Johanna Eleonore Hübler, geb. Probsthain, Ehefrau
des Hofgärtners Johann...

1811 - 1813, Sächsisches Staatsarchiv
...Es gilt die Sächsische Archivbenutzungsverordnung (SächsGVBl. Jg.2003,
Bl.-Nr. 4 S. 79)... ...Sächsisches Staatsarchiv, 10060 Amt Moritzburg, Nr.
0912 (Benutzung im Hauptstaatsarchiv Dresden)...
     ∞ 02.11.1807   Moritzburg, , Sachsen, Deutschland,
     Hübler, Johann Heinrich, Königl.Hofgärtner, Gärtner

8) **Probsthayn,** Marie Caroline
  * 02.02.1785   Moritzburg,   ,
                                       Sachsen,
                                       Deutschland,

  Quelle: Kirchenb. Bärnsdorf-(Moritzburg)
  ≈ 06.02.1785 ev   Moritzburg,   ,
                                         Sachsen,
                                       Deutschland,

  Quelle: Kirchenb. Bärnsdorf-(Moritzburg)
  † 09.09.1836   Moritzburg,   ,
                                         Sachsen,
                                       Deutschland,
  Quelle: Kirchenb. Bärnsdorf-(Moritzburg)

9) **Probsthayn,** Adam Gotthelf
  * 06.05.1786   Moritzburg,   ,
                                         Sachsen,
                                       Deutschland,

  Quelle: Kirchenb. Bärnsdorf-(Moritzburg)
  † 29.02.1788   Moritzburg,   ,
                                         Sachsen,
                                       Deutschland,
  Quelle: Kirchenb. Bärnsdorf-(Moritzburg)

10) **Probsthayn,** Henrietta Tugendreich
  * 02.05.1787   Moritzburg,   ,
                                         Sachsen,
                                       Deutschland,

  Quelle: Kirchenb. Bärnsdorf-(Moritzburg)
  † 07.08.1787   Moritzburg,   ,
                                         Sachsen,
                                       Deutschland,
  Quelle: Kirchenb. Bärnsdorf-(Moritzburg)

11) **Probsthayn,** Gotthelf Majus, Bereiter
   * 02.05.1788   Moritzburg,   ,
                                         Sachsen,
                                         Deutschland,

   Quelle: Kirchenb. Bärnsdorf-(Moritzburg)
   ≈ 04.05.1788 ev   Moritzburg,   ,
                                         Sachsen,
                                         Deutschland,

   Quelle: Kirchenb. Bärnsdorf-(Moritzburg)
   † 13.08.1838   Dresden, , Sachsen,
                                         Deutschland,
   Der sächsische Trompeter, eine Monatsschrift, Meißen, Verlag von C. E.
   Klinkicht und Sohn

   Monat Oktober 1838, S. 160:   D.13. (Aug.) Hr.Hofbereiter Probsthayn,
   iin Dresden
  Hist. Adressb. Dresden

  Probsthayn   Majus Ghelf   Ber. Accestist
  Bereiterschol.

  Bereiter
  K. Bereiter   Im neuen Stallgeb.
  Nst.im Jägerhofe
  Nst.Königstr. 176
  Nst.hintCasernPagW
  Nst.am Baier   1811
  1812
  1816/20
  1831/32/33
  1836/38

12) **Probsthayn,** Ferdinand Ludewig
   * 21.04.1789   Moritzburg,   ,
                                         Sachsen,
                                         Deutschland,

   Quelle: Kirchenb. Bärnsdorf-(Moritzburg)
   † 15.05.1790   Moritzburg,   ,
                                         Sachsen,
                                         Deutschland,
   Quelle: Kirchenb. Bärnsdorf-(Moritzburg)

Anhang 4

Familienbogen Probsthan/Kronenberg, Kopenhagen

Ehemann: **Probsthahn**, Adam Gottlieb, Tischlermeister

---

* err. 1731/1734
Gift 23.5.1766 i Sankt Petri med snedker Adam Gottlieb Probsthahn, født
ca. 1734.(cronberg-ipsen.dk)
† 28.09.1803 Alterthum   Kopenhagen, , ,
                                          Dänemark,

Quelle: Arkivalieronline.dk
Starb im Pflegehause

Vorname Andreas statt Adam Gottlieb!
Alter 72 ist vielleicht auch falsch
▭ 01.10.1803 ev   Kopenhagen, , ,
                                          Dänemark,
Quelle: Arkivalieronline.dk

Heirat:
    ⚭ 23.05.1766 ev Kopenhagen, , , Dänemark,
Quelle: Arkivalieronline.dk
Ehefrau: **Probsthahn, geb. Kronenberg,** Niels Tochter, Christiana

---

* err. 1741 Unehelich
† 12.04.1796 Brustkrankheit   Kopenhagen, , ,
                                          Dänemark,

Quelle: Arkivalieronline.dk
▭ 16.04.1796 ev   Kopenhagen, , ,
                                          Dänemark,

Quelle: Arkivalieronline.dk

Historie zum Ehemann:
*Gift 23.5.1766 i Sankt Petri med snedker Adam Gottlieb Probsthahn, født ca.
1734.(cronberg-ipsen.dk)*

*<2651> Adam Gottlieb Probsthahn * 1735 in Dresden, Sohn des
Jagdwagners Daniel Carol Probsthahn*

*Adam Gottlieb identisch mit
Andreas Probsthein * (errechnet) 1731, + 28.09.1803 <2750>*

Historie zur Ehefrau:
D2. S2 Christiane Nielsdatter, geboren um 1741
Bodil Jørgensdatter får syndsforladelse 17.2.1741 i Vordingborg for lejermål
begået i Præstø med en corporal ved Pops Compagni hos Christian
Schibsted.
Am 17.2.1741 erhält Bodil Jérgensdatter in Vordingborg die Absolution für
die in Présté mit einem Korporal bei Pops Compagni bei Christian Schibsted
gebundenen Mieten.
Kinder:

1) **Probsthahn,** Carl Daniel

* 08.07.1767	Kopenhagen, Dänemark,	, ,

Quelle: Arkivalieronline.dk

≈ 11.07.1767 ev St. Petri	Kopenhagen, Dänemark,	, ,

Quelle: Arkivalieronline.dk

⊐ 24.05.1769	Kopenhagen, Dänemark,	, ,

Quelle: Arkivalieronline.dk

2) **Probsthahn,** Carolina Charlotta

* 21.05.1769	Kopenhagen, Dänemark,	, ,

Quelle: Arkivalieronline.dk

≈ 28.05.1769 ev St. Petri	Kopenhagen, Dänemark,	, ,

Quelle: Arkivalieronline.dk

⊐ 22.08.1769	Kopenhagen, Dänemark,	, ,

Quelle: Arkivalieronline.dk

3) **Probsthahn, Carl David,** Kunstmaler

* 18.07.1770	Kopenhagen, Dänemark,	, ,

Quelle: Arkivalieronline.dk

≈ 23.07.1770 ev St. Petri	Kopenhagen, Dänemark,	, ,

Quelle: Arkivalieronline.dk

† 16.05.1818	Kopenhagen, Dänemark,	, ,

Quelle: Arkivalieronline.dk
Im Kirchenbucheintrag von St. Petri ist als Beruf ....meister vermerkt, aber
sehr schlecht lesbar. Vielleicht Jausemeister o.ä, Gouachemeister? Auch

die Todesursache ist nicht zu entziffern.

⌐ 20.05.1818 ev   Kopenhagen,   ,   ,
                                     Dänemark,
     Quelle: Arkivalieronline.dk

---

4) **Probsthahn, Margareta Sophia**

* 28.02.1773   Kopenhagen,   ,   ,
                                     Dänemark,
     Quelle: Arkivalieronline.dk

≈ 05.03.1773 ev St. Petri   Kopenhagen,   ,   ,
                                     Dänemark,
     Quelle: Arkivalieronline.dk

† 23.03.1843   Kopenhagen,   ,   ,
                                     Dänemark,
     Quelle: Arkivalieronline.dk

⌐ 28.03.1843   Kopenhagen,   ,   ,
                                     Dänemark,
     Quelle: Arkivalieronline.dk

Sophie Probsthayn (Probstein) ist unter http://ddd,dda.dk in Kopenhagen noch dreimal erwähnt:

FT-1801 Alder: 26 Civilstand: Ugift Erhverv: Husholderske
FT-1834   "   58   "   "   "   Haandarbeide
FT-1840   "   66   "   "   "   Er i Huset hos Malermester Baruel

---

Anhang 5

Nachfahrenliste Namenslinie Probsthan, Dresden – Harsleben – Strelitz - ...

1. 1 **Probsthan**, Joh. Gottfried, Zehntverwalter † 04.12.1753 Harsleben
∞ 08.04.1732 Harsleben
Pragen, Sophia Elisabeth, Sekretärswitwe † 21.03.1842 Dresden

| 2. 1 **Probsthan**, Johann Anton Christian, Pastor und Diacon * 07.09.1733
Harsleben † 10.04.1819 Derenburg
| ∞
| **Röbber**, Johanna Christiana Marie * err. 05.03.1742 † 01.07.1819

| | 3. 1 **Probsthan**, Johann Christian, Pfarrer * 04.03.1761
Derenburg † 14.08.1842 Strelitz
| | ⚭ 14.02.1787
| | **Pfitzner**, Caroline Henriette, Gouvernante in Neuenkirchen *
Berlin † 09.05.1810 Strelitz

| | | 4. 1 **Probsthan**, Verehel.Sandvoß, Lisette
| | | 4. 2 **Probsthan**, Otto † 08.10.1808 Mirow
| | | 4. 3 **Probsthan**, Elisabeth Johanna Wilhelmine Carolina * 20.01.1788
Neubrandenburg
| | | 4. 4 **Probsthan**, Johann Carl Christian Friedrich * 06.01.1791 Strelitz

| | | 4. 5 **Probsthan**, **Adam Johann Anton**, Rektor * 25.02.1792
Strelitz † 31.12.1882 Fürstenberg
| | | ⚭ 02.02.1821 Strelitz
| | | **Groth**, Sophia Mathilde Christine * 1796

| | | | 5. 1 **Probsthan**, Adalbert Johann Carl Friedrich * 31.12.1821
Fürstenberg † 26.05.1822 Strelitz
| | | | 5. 2 **Probsthan**, August Johann Alfred * 10.06.1823
Fürstenberg † 14.10.1850 Fürstenberg
| | | | 5. 3 **Probsthan**, Max Wilhelm Christian * 13.01.1825 Fürstenberg

| | | | 5. 4 **Probsthan**, Adolf Ludwig Christian <u>Oscar</u>,
Kaufmann * 22.06.1827 Fürstenberg † 18.04.1879 Fürstenberg
| | | | ⚭
| | | | **Grandke**, Pauline † vor 1897 Klein Heinersdorf

| | | | | 6. 1 **Probsthan**, Anna Dorothea Mathilde * 18.10.1855 Glogau
| | | | | ⚭ 18.04.1876 Oblath
| | | | | **Gamp**, Wilhelm Friedrich Gustav, Königl.
Domänenpächter * 07.09.1847 Poplow

| | | | | 6. 2 **Probsthan**, Antonie Bertha Caroline Gertrud * 15.05.1861
Glogau
| | | | | ⚭ 10.12.1883 Oblath
| | | | | **Conrad**, Carl Oscar Theodor, Dr.med., Prakt. Arzt

| | | | | 6. 3 **Probsthan**, Marie Bertha Helene * 11.03.1866 Glogau
| | | | | ⚭ 11.06.1889 Bork
| | | | | **Bichler**, Carl Maximilian, Rittergutspächter * 16.02.1853

Trebnitz

| | | | 5. 5 **Probsthan**, <u>Anton</u> Heinrich Christian Richard * 03.01.1829
Fürstenberg

| | | | 5. 6 **Probsthan**, Aspasia Augusta Friederike Mathilde * 14.09.1830
Fürstenberg

| | | | 5. 7 **Probsthan**, Verehel. Uterhark, Sophie Mathilde Julie
<u>Caroline</u> * 28.10.1833 Fürstenberg † 01.03.1911 Ravensbrück

| | | | 5. 8 **Probsthan**, Friedrike Mathilde Ferdinande Octavia * 30.05.1835
Fürstenberg

| | | 4. 6 **Probsthan**, Eva Anne Christiane Georgine * 28.02.1795 Strelitz

| | | 4. 7 **Probsthan**, Benjamin Johann Wilhelm Theodor * 16.03.1796
Strelitz

| | | 4. 8 **Probsthan**, Verehel.Giesebrecht, <u>Caroline</u> Sophie Louise * err.
22.05.1797 Strelitz † 12.11.1883 Golchen

| | | 4. 9 **Probsthan**, Johanne Christine Henriette Friderike * 28.08.1798
Strelitz

| | | 4. 10 **Probsthan**, Charlotte Johanne Christine Henriette * 06.10.1802
Strelitz † 15.02.1808

| | 3. 1 **Probsthan**, Johann Christian, Pfarrer * 04.03.1761
Derenburg † 14.08.1842 Strelitz
| | ∞ 22.10.1810 Strelitz
| | **Giesebrecht**, Auguste Elisabeth Caroline * 16.02.1785
Mirow † 20.05.1860 Strelitz

| | | 4. 11 **Probsthan**, <u>Germane</u> Auguste * 23.06.1813 Strelitz † 1847 Strelitz
| | | ∞ 01.04.1835 Strelitz
| | | **Giebner**, Carl Friedrich Heinrich, Cantor und Lehrer

| | | 4. 12 **Probsthan**, <u>Armin</u> Johann, Dr.med., Arzt * 17.02.1815
Strelitz † 10.06.1885 Mirow
| | | ∞
| | | **Stoy**, Adolfine Dorothea Johanna * err. 10.07.1820
Krumbeck † 22.05.1883 Mirow

| | | | 5. 9 **Probsthan**, Elisabeth Augusta Adolphina * 03.09.1845
Mirow † 13.10.1848 Mirow

| | | | 5. 10 **Probsthan**, Henriette Auguste Johanna * 11.12.1849 Wesenberg
| | | | ∞ 03.10.1876 Mirow

| | | | **Knebusch**, Friedrich Karl Albert, Registrator * 11.03.1850

| | | | | 6. 4 **Knebusch**, Probsthan, Elisabeth Sofie Adolphine
Georgine * 18.08.1877 Neustrelitz

| | | 4. 13 **Probsthan**, <u>Otto</u> Carl, Stud.jur. * 28.06.1820 Strelitz † 19.08.1845
Strelitz

| | | 4. 14 **Probsthan**, Caroline Johanne
| | | ∞ 1828 Prenzlau
| | | **Giesbrecht**, Benjamin Adolph

| | 3. 2 **Probsthan**, Johann Heinrich, Pfarrer, Rector und
Schullehrer * 21.05.1763 Derenburg † 28.08.1843 Derenburg
| | ∞
| | **Roebber**, Conradine Elisabeth * err. 1784 † 06.01.1849 Derenburg

| | | 4. 15 **Probsthan**, Hermann Constantin, Offizier Premier
Lieutenant * 28.09.1809 Derenburg † 16.09.1849 Magdeburg
| | | 4. 16 **Probsthan**, Minna Juliane Clara * 22.02.1816
Stötterlingen † 10.05.1892 Magdeburg
| | | 4. 17 **Probsthan**, Caroline Elisa * 06.04.1817 Stötterlingen

| | | 4. 18 **Probsthan**, Carl Friedrich Theodor, Oeconom * 03.09.1819
Stötterlingen
| | | ∞ 1859 Müllersdorf
| | | **Fuchs**, Caroline Friederike * um 1826

| | | | 5. 11 **Probsthan**, Adolphine Bertha Clara Lina * 24.05.1860

| | | 4. 19 **Probsthan**, Armin Heinrich Otto * 15.08.1821 Derenburg

| | | 4. 20 **Probsthan**, Nanny Euphrosyne Theresia * 28.06.1828 Derenburg
| | | ∞

| | | | 5. 12 **Probsthan**, Emma Natalie Friederike Friederike * err.
22.05.1851 † 02.08.1856 Gatersleben

| | | | 5. 13 **Probsthan**, <u>Friedrich</u> Louis Karl, Modelltischler * 12.07.1859
Metzendorf
| | | | ∞
| | | | **Ruprecht**, Anna Marie

Adressbücher Borne (Bez. Magdeburg), Dorf, Kreis Kalbe, Amtsg. Stassfurt, Landg. Magdeburg, 1558 Einw. 1902/1906

Gasthöfe: *Borcherts - Gasthaus, Fritz Probsthan - Hoffmann, Er. Schuppe, Ar. Strumpf, Ww.

| | | | | 6. 5 **Probsthan**, Friedrich Wilhelm * 08.08.1890 Magdeburg
Adressbücher Magdeburg:
Möbel, Spiegel, Polster 1928   Probsthan, F., T. 3956, Breiter Weg
1
Breiter Weg 129, Eigentümer 1938 und 1940 der Steinbruchbesitzer F. Probsthan und Frau Marg. Probsthan
Quarz-Porphyr Steinbrüche Flechtingen und Haldensleeben (Sa) 1939:
Fleechtinger
Steinbrüche Fritz Probsthan, T. 11
Geisler, Gebr. Nachf. GmbH, T. 12
(Ein 'Schwiegerenkelsohn' von Fritz Probsthan ist weiterhin 2016 in leitender Stellung im Nachfolgebetrieb NTVG Flechtingen tätig)

| | 3. 3 **Probsthan**, Carl Friedrich, Cand.theol.u.Grundbesitzer * 06.12.1765 Derenburg
| | ⚭ 15.05.1818 Derenburg
| | **Lindemann**, Johanna Dorothea Marie * 1803 Derenburg † 13.10.1874 Berlin

| | | 4. 21 **Probsthan**, Lindemann, Christian <u>Carl</u> Georg, Dr., Prorector * 10.11.1815 Derenburg † 13.03.1874 Stargard
| | | ⚭
| | | **Dümmel**, Ernestine Anna Amanda ? * 07.11.1830 Schmellerethin † 26.10.1904 Frauendorf

| | | 4. 22 **Probsthan**, Anton Friedrich Theodor, Wundarzt * 25.11.1818 Derenburg †
| | | ⚭ 09.10.1851 Minden
| | | **Klein**, Auguste Henriette Johanna * um 00.02.1822

| | | | 5. 14 **Probsthan**, Wilhelmine Louise * 29.10.1853
| | | | ⚭ 24.10.1873 Joellenbeck
| | | | **Arendt**, Karl August Edward

| | | | 5. 15 **Probsthan**, Louise Cecilie * 18.10.1854 Joellenbeck
| | | | ⚭ 17.10.1877 Joellenbeck
| | | | **Busch**, Johann Heinrich

| | | | 5. 16 **Probsthan**, Friedrich Wilhelm * 17.06.1857 † 07.11.1893
Joellenbeck

| | | | 5. 17 **Probsthan**, Wilhelmine Henriette Auguste Martha * 09.10.1859
Joellenbeck

| | | | 5. 18 **Probsthan**, Otto Theodor * 21.07.1862

| | | 4. 23 **Probsthan**, Josephina * 05.01.1820 Derenburg † 19.01.1891 Berlin
| | | ⚭

| | | | 5. 19 **Probsthan**, Emma Josephine Wilhelmine * 16.03.1843
Derenburg
| | | | ⚭ 17.11.1866 Berlin Va
| | | | **Arendt**, Carl August Eduard, Former * um 1838 Berlin Va

| | | 4. 24 **Probsthan**, Auguste Aurora * 06.05.1823 Derenburg † 08.10.1889
Berlin
| | | ⚭ 06.07.1854 Berlin
| | | **Gabel**, Christian Friedrich Hermann, Musikus Beamter * 1823
† 06.08.1866 Berlin

| | | | 5. 20 **Gabel**, Marie Emma * 19.11.1854 Berlin † 11.02.1862

| | | | 5. 21 **Gabel**, Christian Theodor * 28.04.1856

| | | | 5. 22 **Gabel**, Emma Clara Josephi * 1858 † 11.07.1859 Berlin

5. 13 **Probsthan**, Friedrich Louis Karl, Modelltischler * 12.07.1859
Metzendorf

Anhang 6

Namenslinien Probsthain u. ä.

Stammvater Name/Stand	Geburt Jahr/Ort	Ersterwähnung Jahr/Ort	Nachf. Anzahl Gener.
Martin Probsthan sen. Hüfner	1623	1687 Gehmen	13 mehrere Linien aktiv
Andreas Probsthain Bürger und Hüfner	1616	1641 Torgau	13 mehrere Linien aktiv
Paul Probsthahn Cantorey Verwandter	1615	1642 Korgitzsch	12 mehrere Linien aktiv
David Probsthain Pfarrer	1610 Dresden	1624 Kngl. Landesschule Meißen	12 Noch eine Linie aktiv
Joh. Philipp Probsthan Seilermeister	1788 Lauenburg ?	1816 Schwerin	8 Noch eine Linie aktiv
Hanß Probsthayn Hüfner und Gerichtsschöppe		1652 Arzberg	6
Adam Gottlieb Probsthahn Tischlermeister	1731/35 Dresden ?	1766 Kopenhagen	2

Joh. Gottfried Probsthan Zehntverwalter	Dresden	1732 Harsleben	6
Joh. Christoph Probsthayn Schuhmacher-meister		1754 Prettin	7
Matthaeus Probsthan Canthor Knaben Schulmeister	1649	1677 Pforzheim	4
Joh. Gottlob Probsthahn Feuerwerker Canonier Büchsenmacher	1687	1719 Dresden	3
Joh. Georg Probsthayn Wagner u. Gärtner		1824 Mühlberg	4
Peter Probsthain zugeordnet dem Inspektor der Kunstkammer		1595-1658 Dresden	1
Simon Probsthan		1580 Kngl. Landesschule Meißen	1
Martin Probsthain Bauer in Döbern		1575 Döbern	2-3

Soweit nachweisbar führen alle Spuren der Probsthains zurück nach Sachsen in das Umland von Torgau, unweit des Dorfes Probsthain, und nach Dresden. Die meisten Namenslinien sind jedoch erloschen.